MICRO SOUVENIRS

REMY JOUNIN

City
Document

Couverture : Shutterstock/Sturdio City
Photo de l'auteur en couverture : Laure Veille

ISBN : 978-2-8246-1996-5
Code Hachette : 18 1249 8
Catalogues et manuscrits : city-editions.com

Dépôt légal : Février 2022

Sommaire

C'est à vous que je voudrais dédier ces souvenirs. À vous qui, de l'autre côté du poste, m'avez fait l'honneur d'être sensibles à mon travail. Je n'ai jamais perdu de vue que c'est grâce à votre fidélité, votre complicité et parfois votre indulgence que j'ai pu prendre tant de plaisir et continuer si longtemps à vivre du métier dont j'avais rêvé gamin.

Merci.

Prologue

Comment te dire adieu...

Difficile de dire quand ça a commencé, quand le virus m'a pris... Peut-être faudrait-il dater ça d'un certain cadeau de Noël de mes grands-parents. Chez eux, il y avait un bon vieux Mécano qui devait dater d'après-guerre. Mon grand-père insistait pour qu'on construise des trucs monstrueux qui nous prenaient des heures, des semaines de samedis après-midi. Sans doute devait-il estimer que ça aiguiserait ma patience, moi qui en manquais déjà un peu... !

Et puis, pour Noël, ou mon 10e anniversaire peut-être, le dernier qu'il passerait à mes côtés, il m'a offert une boîte merveilleuse. Je la revois encore : en carton, à dominantes blanche et bleue avec marqué Philips en gros. Dedans, un drôle de fouillis : une plaque en contreplaqué pleine de trous, des ressorts qui s'y encastrent pour permettre de brancher sans la moindre soudure des fils, des résistances, des transistors, des rhéostats et un haut-parleur. Un mode d'emploi guide l'électronicien en herbe pour fabriquer des dizaines de réalisations électroniques. On choisira de monter… une radio.

On s'arrache les doigts sur ces fichus ressorts, on branche, on planche, on retourne le mode d'emploi dans tous les sens, on place les deux rhéostats, le haut-parleur et la grosse pile plate. Puis on tourne le premier bouton, celui du volume, jusqu'à obtenir ce grésillement caractéristique des ondes longues ; le second : celui des fréquences, en espérant, sans trop y croire, capter l'une des trois radios reçues à Paris…

Et c'est la voix de Françoise Hardy qui retentit soudain dans le salon : la chanson de Gainsbourg « Comment te dire adieu »… Je n'entendrai plus jamais cette chanson (et je l'ai souvent diffusée bien plus tard) sans penser à ce moment, qu'on dirait « fondateur » si on se laissait aller à la cuistrerie…

Autre épisode, quelques années plus tard. On est au tout début des années 1970. Ma « mob » et moi, on a déjà souvent déboulé de La Courneuve pour traîner dans les rues François 1er et Bayard, mon triangle d'or personnel.

Ce jour-là, je me suis inventé une bonne raison d'être dans ce coin pile à l'heure du déjeuner. À ce moment où, gamin, chez la grand-tante qui m'évitait la cantine de la primaire, j'écoutais les émissions de Pierre Bellemare. On fait la queue devant le « 26 bis », j'y vais. J'entre enfin dans le saint des saints : le studio public d'Europe 1 où je vais assister en direct à *Déjeuner Show*. Tout est incroyablement vivant, simple, moderne. Bellemare, son charisme, ses bretelles, qui se lève et tourne autour de la table où sont ses acolytes pour lire avec plus d'ardeur les messages publicitaires, les micros qu'on ouvre soi-même sur la table, qu'un verre fait tomber dans un cendrier dans un éclat de rire pendant que le public se tortille les fesses sur les inconfortables chaises pseudo-empire du studio, celui-là même qui fait que je ne loupe pas une rediffusion du *Serpent* d'Henri Verneuil parce qu'on y a tourné la scène où le ministre joué par Noiret est interviewé par un vrai journaliste maison…

En fait, tout avait pourtant commencé en écoutant le *Hit-Parade* d'André Torrent. Pouvait-on rien imaginer de plus dingue que cette machine infernale, ce rythme absolu, ces intros cadrées au cordeau... ?

Quel métier ! Non, mais quel métier, d'ailleurs, ça pouvait bien être ? On pouvait vraiment gagner sa vie en faisant ça ?

Puis un copain m'a suggéré d'écouter *Mozik* et Jean-Loup Laffont. Cruel dilemme : qui préférer, dans quel camp, sous quelle bannière se ranger ? Déjà à l'époque, je pressentais sans pouvoir la nommer la dualité entre les deux grandes radios commerciales : la qualité jamais prise en défaut de la technique de RTL face à l'invention et au modernisme d'Europe n°1. André, Jean-Loup, comment imaginer que je les remplacerais l'un après l'autre sur des grilles d'été tant d'années plus tard…

Dernier souvenir d'avant… On est donc en 1972, il me semble, et j'ai décidé un pote du lycée de Saint-Denis à m'accompagner. On gare les mobs devant Europe, on attache les antivols, on récupère chacun une grosse enveloppe kraft et, casque sur la tête, on entre crânement dans le hall d'Europe. Je jette un petit regard de fausse connivence au vigile de service et, au bluff, jouant les coursiers, nous voilà dans les couloirs d'Europe.

Je me souviens de ma surprise. De mes surprises, d'ailleurs. D'abord d'avoir réussi à entrer aussi facilement, de ne pas m'être retrouvé sur le trottoir avec le 46 du vigile imprimé sur le pantalon. De la sobriété des studios, ensuite. Des pieds de micros posés n'importe comment sur les tables, des câbles dans tous les sens, des cendriers qui débordent, des gens qui marchent vite, parlent fort, piquent des fous-rires. L'ambiance est tout à la fois telle que je l'ai rêvée et différente. Moins magique peut-être, moins mystérieuse, mais tellement plus joyeuse. J'aperçois Vonny et Robert Willar qui rigolent…

Une fois la balade terminée, avant de se faire remarquer, on ressort. Enhardis par notre réussite, on tente deux rues plus loin, à RTL. Mais là, c'est une autre chanson ! On est bloqués tout de suite par un vigile à qui on ne la fait pas ! « Allez faire ça à Europe n°1 ! » me lance-t-il. J'éclate de rire : « On en vient ! ». Et j'ajoute *in petto* : « Je reviendrai ! ».

I'll be back...

Mais ça prendra un sacré bout de temps !

Avant-Propos

(Ah parce que ça ne commence toujours pas ?)

De 1981 à 2021…

40 balais, presque deux générations… Une révolution numérique entre temps. On est passé de quatre ou cinq radios à des centaines, de trois chaînes de télé à des dizaines, pas toutes utiles mais bon… Tout a changé : le monde de la consommation des Trente Glorieuses finissantes est devenu celui de la communication et des données. La valeur vient de la data, l'immatériel est la richesse, le virtuel pollue plus la planète que les vieux bus diesel.

40 ans : la durée d'un cycle, celui d'un nouvel apogée de la radio (qui en avait déjà connu un pendant l'entre-deux guerres mais ça, soyons clair, je ne le sais que par les livres d'histoire !), le dernier, sans doute, sous sa forme traditionnelle.

La période d'une explosion d'émetteurs, de marques, d'expériences, d'utopies, d'inventions… avant que le commerce reprenne ses droits et que tout le monde redevienne raisonnable… ou marginal.

Et finalement, notre génération n'a-t-elle pas connu exactement ce que vivent aujourd'hui les plus jeunes ? En 1982, en France, il y avait sans doute plus de gens pour *causer dans le poste* que pour écouter ! Les « grandes radios » tenaient encore le haut du pavé, les autres se battaient pour exister, s'inventer, se créer une place, trouver une raison d'exister… : des auditeurs.

Qu'en est-il en 2021 ? Bientôt dix ans que les plus malins ont envahi les réseaux sociaux, investi Youtube, Instagram, Snapchat, TikTok… De nouvelles générations veulent se mettre en avant et les anciennes auraient tort de s'en tenir à rigoler devant les *duck faces* et d'ignorer les réussites de jeunes (de moins en moins jeunes d'ailleurs) qui ont explosé nos vieux codes et inventé les leurs comme nous avons rigolé devant les « vieilles radios », que nous rêvions en fait d'intégrer. Ils ont cassé nos habitudes de montage, heurtant nos vieilles oreilles, et se sont imposés avec la même insolence que celle dont nous avions fait preuve à l'époque. Le public, dont une partie nous avait déjà abandonnés, les a suivis.

Autre similitude avec notre époque, assez amusante au demeurant : après avoir revendiqué cette invasion des nouveaux supports (comme pour nous avec la FM), les voici dix ans plus tard intégrés à la matinale de RTL, chroniqueurs sur France Inter, animateurs sur une chaine hertzienne, voire *guests* dans des séries Netflix, au diapason de nos propres ambitions quand il s'agissait alors de passer de nos radios révolutionnaires à des médias traditionnels, de la ligne ouverte en banlieue au jeu des autocollants Europe 1 et à la *Valise RTL*.

L'Histoire ne repasse pas les plats, dit-on. Sans doute. Mais les émissions de cuisine qui font florès sur toutes les chaînes de télé (un mystère pour moi, ces trucs) ne font que réinventer encore et toujours la blanquette de veau et la poule au pot de Raymond Oliver et Catherine Langeais.

Le hasard a voulu que si j'ai pu faire de ma passion un métier, c'est justement parce que mon arrivée sur le marché du travail a coïncidé très précisément avec l'explosion de la radio à l'époque, de l'arrivée de la FM et des premiers effritements du monopole de la radiodiffusion. Et les virages surprenants qu'a pris ma carrière (parfois volontairement, souvent après de violents coups de pieds mal placés) ont accompagné l'évolution de cette industrie.

Toujours passionné par la radio, ayant rejoint depuis peu des associations, l'une historienne et patrimoniale, l'autre dédiée à la formation et au soutien des médias dans les pays d'Afrique, je m'en éloigne professionnellement au moment où elle cherche ses nouveaux repères, son futur modèle financier. « Podcasts, podcasts ! », crie-t-on tous azimuts, et là encore l'analogie avec le début des années 1980 est criante. Tout le monde podcaste, quelques-uns trouvent leur angle, leur style, et leur cible : des auditeurs, réguliers, parfois même prêts à mettre la main à la poche, ce que nous n'avons jamais su obtenir.

Un bout de la grande histoire du média via un bout de la petite histoire de cette carrière qui s'est déroulée avec des à-coups, c'est vrai, mais sans pour autant avoir jamais eu l'impression de travailler réellement, c'est ce que j'avais envie de raconter ici, car je sais que ce média restera à jamais le plus intime. En effet, si la télé est désormais aussi dans la cuisine et le journal dans les toilettes, la radio (même quand on l'écoute sur un smartphone) est toujours sur la table de chevet, dans la salle de bain, dans la voiture, et la technique du replay ou du podcast natif permet encore plus qu'avant une écoute exhaustive d'un produit mieux fini pour un public de plus en plus exigeant et disponible.

De la radio futile, légère, juste chargée d'accompagner le quotidien, de l'alléger. En témoignent les lettres émouvantes que m'envoyèrent des auditrices et auditeurs, les messages sur minitel, diverses preuves de leur attachement à cette voix dont ils ignoraient le visage... Durant mes années RTL, étant le remplaçant d'été, j'avais inventé mon petit gag perso quand une auditrice me demandait si je « pouvais lui envoyer une photo dédicacée ». « Bien sûr », répondais-je, ajoutant immédiatement, « De qui ? ». Ce qui avait le double avantage de déclencher un éclat de rire toujours bienvenu chez l'auditrice en question et de me permettre une impro sur le thème « De moi ? Vous rigolez ! J'ai une voix à gagner des auditrices et une tête à les perdre ! », entre autres...

De la radio *entertainment*, où j'ai reçu les stars de l'époque avec qui le grand piège était la connivence. Toujours se rappeler que tutoyer une star, c'est facile. Devenir l'intime d'un auditeur, c'est plus difficile et bien plus essentiel...

Mais aussi, c'est la deuxième partie, de la radio utile, dans les pays pauvres où c'est le seul média abordable.

Peu de papier, beaucoup d'analphabétisme équivalent à peu de presse écrite. L'absence d'électricité régulière dans les grandes villes de certains pays d'Afrique, sa quasi inexistence dans certains villages alors qu'on vend des piles à tous les carrefours, parfois avec des bouteilles d'essence et des pneus usés jusqu'à la corde pour faire encore quelques kilomètres, font que la radio s'entend dans toutes les voitures, toutes les demeures, fussent-elles dans un vieux container posé sur le bord de la route.

De la banlieue de Casablanca, où j'ai pris des « petits taxis » au tableau de fond fondu comme une peinture de Dali (soleil ? Surchauffe du moteur ? Les deux ?), à un vieux 4x4 dans les rues de Niamey, de Stone Town (Zanzibar, Tanzanie) à un taxi collectif de Moroni (Comores) ou dans les rues de Hanoï et de Saïgon, la radio était toujours allumée.

Les programmes sérieux, informatifs, religieux, de propagande (comme la radio francophone chinoise de Moroni), ou une programmation légère, musicale, largement plagiée (j'ai entendu des clones d'Europe 2, qui lui avaient piqué jusqu'à son slogan des Caraïbes au Maroc), bref, de tout. Mais partout et tout le temps.

Cette radio-là, passionnante, vivante, souvent trop bavarde, pleine de défauts sympathiques, a envahi la seconde partie de ma vie de radio et prendra aussi une part non négligeable de ces pages.

1

Ça commence

Aussi loin que je me rappelle, il y a toujours eu la radio d'allumée à la maison. En vrac, il y a eu les *Maîtres du Mystère* de Paris Inter (oui, je suis si vieux...!), *Signé Furax* sur Europe et *La Famille Duraton* sur Radio Luxembourg. Puis, j'ai découvert les animateurs et leurs univers particuliers. Notamment Maurice Biraud. Je me souviens de ma stupéfaction. Comment ? Ce type qui jouait les losers (*Mélodie en sous-sol*) ou les caves (qui se *rebiffent*, certes) était aussi le principal séducteur d'Europe n°1 ? Puis, plus tard, en vrac : Michel Lancelot, Pierre Bouteiller (rare escapade vers le service public avec aussi les émissions de Jacques Pradel qui avait alors tant de talent), Gérard Klein, voire épisodiquement le Président Rosko, Wolfman Jack et même l'ami Gaya Bécaud, un certain été.

Donc, je savais que c'était là le métier que je voulais faire. Mais va expliquer ça à ta mère « qui-se-saigne-aux-4-veines-pour-t'élever-toute-seule », elle qui te verrait bien médecin ou cadre dans une grande boîte (sérieuse) ! Alors, pour faire passer la pilule, j'accepte d'apprendre un métier. Je serai réalisateur de cinéma ou au moins en audiovisuel. Non, ça ne fait pas très sérieux non plus, mais ça, au moins, ça s'apprend dans des écoles ! Contrairement à la radio, pour laquelle il n'y a alors aucune formation.

Et soudain... C'est le drame !...

Un copain, pourtant bien intentionné, me fait découvrir Fabrice. Car, pauvre de moi, moi qui suis déjà allé assister, rue François 1er, au *Déjeuner-show* de Pierre Bellemare, je ne sais rien de l'*Empereur* qui règne sur la rue Bayard, ni des chapiteaux de France et de Navarre où son émission est délocalisée (comme on ne dit pas encore à l'époque) le mercredi. Et c'est donc le drame parce que je deviens fan de Fabrice au point de m'organiser pour écouter son émission de fin de matinée chaque jour, malgré le bac qui approche. Alors oui, je vais louper quasiment tous mes derniers cours de la matinée pour rentrer chez moi écouter Fabrice tranquillement. Si je m'étais fait choper à l'époque, j'aurais sans doute eu le culot de raconter que je me formais pour mon futur métier. Avec le recul, je me dis que ça aurait été la vérité, même si, sur le moment, je n'aurais pas été fier de devoir le soutenir ! Pour tous les amoureux de la radio de ma génération, la découverte de Fabrice en public est un moment édifiant. Il paraît que tout le monde se rappelle de ce qu'il faisait un certain 11 septembre. Moi, je me souviens du podium RTL sous chapiteau à Saint-Denis (beaucoup trop près de mon lycée, danger !), de Fabrice et Pierre Dallac, dépoitraillés sur la scène pendant le flash de midi pour garder le public chaud, en comparant les poils de leurs torses.

Plus tard, je verrai Fabrice, dans le Grand Studio de la rue Bayard, arriver sur scène deux minutes avant le direct, s'appuyer nonchalamment sur le pied de micro et simplement regarder son public. Sans un mot. Et les rires de monter doucement, mais sûrement, dans la salle. Et lui, l'œil malicieux : « Merci de votre confiance ! ».

Fabrice sera une révélation. Sa technique époustouflante m'a toujours bluffé. Bien des années plus tard, alors que je travaillais sur Europe 2, j'ai pris l'habitude de filer à la fin de mon émission, plusieurs fois par semaine, pour venir m'asseoir à côté de Fabrice, de Jean-Louis, Fifi et la Goulue, pour assister, muet d'admiration, à un show quotidien, béat de bonheur que Fabrice m'ait fait une petite place dans sa bande. Et chaque jour, c'est une nouvelle claque. L'apparente décontraction du personnage était en fait le résultat d'une concentration totale qui lui permettait de passer en une nanoseconde du plus total délire hors-antenne à quelque chose de bien plus présentable sur une antenne familiale à l'heure des repas ! Parmi les choses qui font que le petit banlieusard qui a dû forcer pas mal de portes pour faire ce qu'il voulait a fini par « s'y croire », il y a eu ce jour où j'ai croisé Fabrice qui, allant déjeuner dans l'une de ses cantines locales (un grand hôtel de la rue François 1er), a traversé la rue pour venir au-devant de moi me serrer la main, alors que j'osais à peine lui faire un signe de tête depuis l'autre trottoir, moi qui allais aussi déjeuner dans le quartier, mais à une table plus adaptée à mon budget ! Mais je brûle les étapes…

Mon école de radio fut donc buissonnière et osée, mais longue à porter ses fruits parce que, à cette époque-là rappelons-le, il y avait en gros quatre radios importantes en France : Europe 1, France Inter, RTL et RMC. Faites le compte de ce que ça représentait comme places à prendre. Il valait mieux prévoir un Plan B. Et un plan C, d'ailleurs, parce que quand tu loupes le concours d'entrée à l'IDHEC[1], tu t'inscris en fac, faute de mieux.

Le père d'un de mes meilleurs amis m'avait suggéré de faire comme lui : directeur d'hôpital. Bonne planque, qu'il disait. C'était bien avant la mode des pandémies mondiales, faut dire. Alors pourquoi pas ? m'étais-je dit, du haut de mon Bac B obtenu sur le coup de tête d'une prof qui trouvait exagéré l'acharnement des profs sur mon dossier...

L'année où j'entre à l'Université Paris XIII (rien de bien excitant là-dedans : ce n'est pas tant le «Paris» qui est important là-dedans, que le «XIII», c'est-à-dire Villetaneuse... Oui ça existe. Non, vous ne voulez pas savoir où c'est.), cette année-là, donc, la radio libre est en pleine fermentation. Tout le monde a les yeux rivés sur l'Italie où l'anarchie a pris le pouvoir sur les ondes hertziennes. C'est à la fois l'exemple et le contre-exemple. La liberté audiovisuelle, certes, mais poussée tellement loin que, sans régulation, tout le monde émet, couvre le voisin, brouille tout le monde, est brouillé lui-même.

1. Institut des Hautes Études Cinématographiques, ancêtre de la Fémis.

Certains Français passent la frontière italienne pour créer une antenne commerciale qui couvrira le sud de la France. D'autres, ici, en banlieue parisienne, après avoir traversé de nuit la frontière italienne par les chemins de bergers dans des camionnettes transportant les émetteurs dont la vente est interdite en France, installent les premières radios libres, aussitôt cassées par la police giscardienne. En fac, mon prof de sciences éco revient après quelques jours d'arrêt de travail, vaguement tuméfié de sa rencontre avec la police. Ce n'est que bien plus tard que j'apprendrai que ce Jean Ducarroir est en fait un précurseur de la radio dans le pays et qu'il vient de le payer à coups de matraque.

Et dans le même temps, dans la quincaillerie du boulevard Pasteur, toujours à La Courneuve, on vend sans se cacher un émetteur FM en kit ! Pendant quelques semaines, dans ma cité, avec quelques copains, on va jouer aux pirates. On enregistre quelques émissions parfaitement stupides et sans le moindre intérêt et on fait tourner le magnétophone en se baladant dans le quartier avec un transistor pour voir jusqu'où on émet. Et il faut bien reconnaître que, depuis que j'ai remplacé l'antenne par un radiateur en fonte, le rayon d'action s'est bien élargi d'une bonne centaine de mètres... !

Tout cela est un peu ridicule pour des grands garçons comme nous. Quand la police se fait par trop agressive, nous décidons que le jeu n'en vaut pas la chandelle et (courageusement !) nous laissons tomber.

À la fin de mes études, trois années enfin excitantes à l'ESRA qui nous forme à l'époque en tronc commun à l'ensemble des métiers techniques de l'audiovisuel, le régime giscardien est en déroute, et l'arrivée imminente de Mitterrand nous fait espérer l'essor de nouvelles radios. De beaux projets sont montés qui n'attendent qu'une autorisation pour démarrer. Je suis pressenti pour être le réalisateur de la matinale de Radio Cité Future, qui a déjà de jolis studios derrière Beaubourg, mais ne verra finalement pas le jour, du moins dans son ambitieuse configuration de départ, car, *in extremis*, « Tonton » interdira la pub aux radios libres, leur ôtant par là-même, dans un système capitaliste, un modèle économique et une paradoxale source de liberté.

Ce n'est qu'un an plus tard qu'un copain parle à un ami d'une radio qui va démarrer, là, dans mon département, pas très loin de chez moi. Je m'accroche comme un vieux chancre à la poignée de la porte du directeur des programmes qui, je l'ai toujours pensé, m'a embauché pour que je le lâche un peu... Et ce sera la première journée de TSF 93. Je l'ai eu à l'usure, le bougre, je m'en souviendrai.

2

TSF, ça commence...

Ce matin-là, le morning n'a pas été tout à fait comme d'habitude.

Peut-être parce qu'il n'y avait pas encore d'habitude. C'était le premier jour de l'antenne.

À 6 h dans ce sous-sol de Bobigny, il y a eu le démarrage de TSF 93. Puis à 9 h, je réalise pour la première fois la grande émission de la matinée. Un peu complexe, à vrai dire. Les studios sont tout frais et pas encore totalement finis. Il manque des détails, comme le matériel pour communiquer entre la régie où je réalise l'émission et le studio où officie l'animatrice : un interphone – un micro d'ordres, dirait-on aujourd'hui. N'importe quoi plutôt que les gestes (pas toujours chaleureux) ou les signaux de fumée (qui nous sortaient des oreilles). Vachement pratique, donc. En fait, pour dire la vérité, on n'était pas vraiment prêts à démarrer. Mais il fallait se jeter à l'eau. Je ne l'ai pas regretté. Pourtant, avec l'animatrice, Mino, qu'est-ce qu'on a pu s'engueuler ! En l'absence de ce fichu intercom, à chaque disque, on se retrouve dans le couloir, elle sortie de son studio comme une furie, moi de ma régie comme un diable de sa boîte, et on se gueule dessus, du haut de notre inexpérience commune mais pas partagée !

11 h 30, pour la préfiguration de l'émission du midi dont l'animateur n'est pas arrivé, les deux patrons, le Directeur Général et le Directeur des Programmes, qui animent tant bien que mal, me demandent de rester pour témoigner, moi qui suis du coin. Volontiers : je suis venu pour bouffer du micro ! Dans mes archives, sur la photo loupée du reporter qui avait oublié son flash, il y a Lew Bogdan, directeur des programmes, à gauche, Jean Kouchner, le big boss, totalement dans le *schwarz* à droite, un journaliste (Yves Bordenave, si je me souviens bien) et moi, avec des lunettes que n'aurait pas reniées Bernadette Chirac. Je me souviens que Jean avait un peu tiré la tronche en voyant que j'étais celui qu'on voyait le moins mal sur la photo !

Et, incidemment, pendant un disque, les voilà, les boss, qui déplorent devant moi que la fille qui devait être embauchée pour le 13 h-17 h leur ait fait faux bond le matin-même et qui envisagent de remettre le fil musical. Eh oh, les gars, ça va pas non ? Et moi alors ? Je voulais faire l'animateur, au départ, vous vous rappelez ?

Ils me regardent, hésitent… longuement. Tu crois que tu saurais ? Moi : « Pourquoi je saurais moins que les autres ? Et puis vous avez voulu commencer : maintenant, on ne s'arrête plus ! ». Ils hésitent vachement longtemps, puis finissent par décider qu'ils n'ont peut-être pas grand-chose à perdre.

J'ai juste eu le temps de grignoter un sandwich pendant le journal de la mi-journée. J'attrape une pile de disques[1] et je peux enfin enquiller mes premières vraies heures d'antenne rien qu'à moi.

On allait râler, s'engueuler, piaffer, tourner en rond, se planter, être sur le terrain, donner à entendre et aider à dire.

En direct de la vraie vie, des 4000 de La Courneuve et d'une maison de retraite de Bondy, des cités et des lycées de Bobigny, du théâtre de Saint-Denis, de la Fête de l'Huma, d'une bibliothèque de Pantin…

Apprendre, inventer…

C'était le 2 novembre 1982 et je suis assez content de ce que j'ai fait là-bas durant les quatre ans qui ont suivi avec tous les copains. Les Sitbon Brothers, Patrick Winzelle, William Pinville (oui, la grosse voix longtemps entendue derrière Julien Lepers), Gilles Tessier puis plein d'autres… Dont Laurent Bourdon. Ah Laurent ! Il était autant Bellemare que j'étais Fabrice, autant préparation que j'étais impro. Les murs ont résonné longuement de nos engueulades et je pense que, pour nous deux, elles ont été vachement formatrices. Qu'est-ce qu'on a pu se mettre sur la figure, pendant quelques années, tous les deux ! Et c'est aussi l'époque des blagues pourries...

Imaginez... Laurent fait alors le 6 heures / 9 heures sur TSF. Avec Philippe, son réalisateur, ils ouvrent l'antenne, arrêtent la boucle de nuit, et réveillent nos auditeurs, dès lors qu'ils le sont eux-mêmes, réveillés. À 6 h

1. Note pour les plus jeunes : ces machins en plastique, avec un trou au milieu, tournaient à des vitesses allant de 33 à 45 tours, ce qui occasionnait régulièrement des plantades. À l'époque, ça ne servait pas encore à décorer les murs de vos chambres.

pile, Philippe, qui a installé le bobino sur un Revox[1], envoie le générique, sur lequel, immuable, Laurent lance son « Bonjour » matutinal et bonhomme. Sauf que, ce matin-là, j'ai ajouté un petit bout de bande juste entre l'amorce (le truc jaune, bleu, ou rouge qu'on mettait avant la bande et qui servait de point de repère de lancement) et la bande musique. Et sur ce bout de bande, il y a ma voix qui glapit : « Alors Bourdon, bien dormi ? ». C'est stupide, ce genre de truc, mais ça te pourrit ton lancement, parce que les deux gars, là, tout seuls dans leur grande radio vide, ils ont sursauté et regardé tout autour d'eux d'où je pouvais bien leur parler ! Et inutile de dire que le premier micro de Laurent a été un peu décalé, par rapport à d'habitude...

Globalement, les blagues de radio sont stupides et parfois difficiles à partager avec les auditeurs. Ça ne m'empêche pas de penser qu'elles ont leur intérêt pour fédérer une équipe. Plus tard, à Europe 2, le grand classique sera d'attendre qu'un animateur soit en direct pour appuyer sur la touche qui lui envoie dans le casque le retour satellite. Essayez de parler normalement avec, dans le casque, le retour de votre voix décalée de deux secondes ! Impossible, on a juste l'air totalement bourré !

Une autre ? Ok, parce que c'est vous. À Chérie FM, dans les nouveaux studios de la rue Boileau, il y avait deux lignes téléphoniques : une normale et une confidentielle, dont aucun d'entre nous n'avait le numéro, dotée d'une lampe rouge et qu'on savait reliée à la direction

---

1. Revox : magnétophone à bande magnétique semi-professionnel. Tout le monde pleure son bon vieux B77. Moi pas. Je détestais monter les bobinos (petits morceaux de bande magnétique ne contenant que le son à diffuser, encadrés de morceaux d'amorce muette) et je n'ai commencé à aimer le montage sonore qu'avec l'arrivée du numérique.

générale. Et cette ligne ne sonnait jamais, par bonheur. Sauf un jour, pendant ma tranche. Fred, mon réalisateur, décroche, un peu inquiet. Puis il se détend : c'est une erreur. Mais il a la présence d'esprit de demander à l'interlocutrice le numéro qu'elle a composé ! Vous me voyez venir... Le jeu, ensuite, consistait à appeler les copains sur cette ligne-là, pendant un de leurs speaks et à se régaler d'entendre leur débit ralentir légèrement tandis qu'ils concluaient leur intervention tout en surveillant l'inquiétant clignotement.

Pour revenir à TSF, des blagues, il y en aura, et des plus stupides... ! La journaliste plongée dans le noir pendant son flash qui lit à la lueur du rouge antenne[1], l'animatrice qui déborde chaque jour ligotée sur sa chaise avec du câble de micro en plein direct et sortie *manu militari* en prenant les auditeurs à témoin…

D'ailleurs, eux-mêmes ne seront pas en reste. Je me souviens de cet après-midi où, juste avant moi, passe un animateur un peu fou, brouillon, foutraque, inégal, génial certains jours. Ce jour-là, notamment, où il a scénarisé un survol du département en hélico. Nous sommes trois ou quatre à aider en régie pour la mise en ondes de son délire, car l'hélico doit se crasher à la fin.

L'émission se termine, je prends l'antenne et un auditeur appelle le standard. Son message est lapidaire mais clair : « Eh, pourriez dire à Jounin qu'il aurait dû être dans l'hélico ! ».

Blam !

1. Rouge antenne : la pauvre petite lampe rouge qui indique qu'un micro (au moins) est ouvert.

3

Déjà taulier

Été 1983, on navigue en pleine dinguerie. Alors que toute l'équipe de TSF 93 fait allégrement de la radio depuis facilement... six mois (!), voilà-t-y pas que le très débrouillard directeur adjoint des programmes vient de vendre une radio temporaire à un client parfaitement improbable : la Fédération Française de Camping Caravaning. Chaque année, voire plus souvent, les membres de la Fédération Internationale (car oui, ça existait !) se réunissent en un point du globe. Ils déboulent avec tentes, caravanes, camping-cars, et s'installent à plusieurs milliers pendant dix jours. Là, c'est au tour de la Fédération Française d'organiser le Rallye près de Paris. Comme ils seront 26 000 (!) participants représentant plus de 150 nations, ils ont trouvé un hébergement sur l'aéroport du Bourget. On va utiliser une partie des pistes, des hangars, on va déborder sur une partie du Parc de La Courneuve adjacent, approximativement sur l'emplacement futur de la Fête de l'Huma.

Les organisateurs sont venus rencontrer Denis C., notre directeur des programmes adjoint, pour lui demander si TSF pouvait organiser l'animation des dix jours de l'événement. Il les a convaincus que c'était plus facile d'ajouter un émetteur FM et de faire de tout ça une radio temporaire, plutôt que d'abreuver toute la journée des murs de sons envahissants.

Denis m'aime bien, et il me renifle comme débrouillard : il me confie la direction des programmes de cette radio. L'imagination humaine peine à se représenter le village mondial improbable qui va s'installer là. On y trouvera pêle-mêle des représentants de toutes les régions françaises (qui s'installeront par villages régionaux comme à la Foire de Paris), de tous les pays d'Europe (à part peut-être l'Albanie, mais les autres ont eu le droit de passer le rideau de fer puisqu'il s'agissait de s'installer en une Seine Saint-Denis encore bien communiste !) et d'autres régions exotiques comme le Japon par exemple.

Le matin, les queues s'organisent (grâce à l'expertise des populations de l'Est, sans doute) devant les sanitaires trop peu nombreux. Pipi, douche et brossage de dents avec le même verre d'eau (ou presque), prière de réserver la grosse commission aux heures creuses si on ne veut pas entendre la foule gronder derrière la mince porte de plastique. Dans l'un des hangars désertés par les avions, on a installé un petit supermarché où l'on pourra expérimenter une nouvelle file d'attente, ce qui au total occupe bien sa journée au Bourget. Il faut dire que le budget pour venir jusque-là ne laisse pas grand-chose à nos touristes pour participer aux sorties organisées à Paris. Beaucoup de ces campeurs/caravaniers ne verront pas la Tour Eiffel ! À part les quelques bourgeois, car il y a quand même deux Rolls munies d'attelage, dont l'une pour tracter la caravane « la plus rapide du monde », du moins d'après le *Livre Guinness des records* !

Et la radio dans tout cela ? Elle s'appelle finement Rallye 83 et elle est installée dans deux caravanes gracieusement prêtées par un fameux constructeur allemand. Le matin, ouverture de l'antenne à 8 h avec le journal en français (repris sur TSF 93 parce que les nouvelles de la fédé 93 du PC doivent les passionner !), puis en anglais et en allemand. J'ai complètement oublié qui parlait anglais dans l'équipe, mais je me rappelle très bien que la jolie Allemande blonde qui faisait la version teutonne racontait être spécialisée dans les doublages en VF de films… pour adultes. La matinée était remplie de musique et d'annonces en tous genres sur l'organisation, les rencontres des fédérations représentées, etc. À midi, dans la grande tradition de la radio qui nous avait baignés lui et moi, Laurent Bourdon animait de grands jeux où, plutôt que faire appeler les auditeurs, on les accueillait sur notre petite terrasse, devant le studio, dans un froid glacial car ce fut le plus mauvais été de la décennie.

Pour participer à un quiz inspiré du *Jeu des Mille Francs* (et dont les fiches ressemblaient à s'y méprendre à des cartes de *Trivial Pursuit*), il fallait arriver au studio dans un certain laps de temps avec le plus grand nombre de cravates, de tongs, de tire-bouchons, selon la lubie du jour de Laurent. Je me souviens comment certains de nos régionaux se sont pris au jeu avec un sérieux dans l'amusement que je n'ai retrouvé que des années plus tard en backstage d'*Intervilles* !

On a vite découvert que nos jeux du midi rythmaient les journées de bon nombre de nos auditeurs captifs, voire en constituaient le moment fort, eux qui devaient ensuite attendre la soirée et l'autre grand moment monté par les organisateurs. Chaque jour, les jeux du midi se terminaient par une ovation où Laurent Bourdon était acclamé par nos campeurs presque aussi fort que Max Meynier à la même époque sur sa terrasse Calberson dans *Les Routiers sont sympa*.

Les deux derniers soirs de l'événement, et donc de la radio qui lui était consacrée, furent occupés par deux immenses shows. Le premier fut celui de Mort Shuman, que j'interviewai dans sa loge (une caravane, en toute logique) où il était tranquillement vautré dans un fauteuil, une main sur la caisse de bière, répondant avec une grande gentillesse aux questions sûrement pas bien originales du petit banlieusard qui n'en revenait pas de se trouver en face d'un type qui avait écrit pour Elvis !

Le dernier soir, c'est Juliette Greco qui va venir chanter, l'immense Greco, l'icône de St-Germain-des-Prés, la complice des surréalistes, l'interprète de Ferré, de Vian, etc. On croule sous les clichés, et ce n'est pas pour rien. Pour les Européens de toute provenance réunis ici, c'est vraiment l'archétype de la vedette française, et l'entrée (gratuite !) dans le hall où elle va chanter est le théâtre d'émeutes. Les Italiens, notamment, sont fous furieux, ils trépignent, hurlent. Il n'y a rien à casser, ici, heureusement. Et Juliette paraît. La dame connaît son métier :

la magie est là, la voix, la présence, les yeux charbonneux dont l'éclat s'impose jusqu'au fond du hall qui sert de salle de spectacle, vêtue d'une robe noire longue, toute simple. Évidemment, c'est magique. Malgré les conditions techniques discutables, Juliette Greco est somptueuse, imposante, magnifique. Nul besoin d'être fan pour être impressionné !

Il a été acté que je l'interviewerais ensuite, après le spectacle, pour les besoins de mon émission habituelle, celle de TSF 93, qui continue en parallèle. Je l'attends en *backstage*, à la descente de scène. On me guide jusqu'à elle. Elle est visiblement fatiguée. Elle a beaucoup donné, beaucoup porté, vibré. Le lourd maquillage de scène fond un peu sous la sueur, les faux-cils la gênent, qu'elle arrache d'un coup sec avant de les donner à son habilleuse. Je la suis jusqu'à sa loge, dans une caravane, toujours. Je m'efface, elle monte et je vais pour la suivre. Elle a alors un geste que je ne comprends pas tout de suite. Elle remonte sa robe, sa longue robe noire de scène, sur laquelle on discerne quelques taches noires de sueur à plusieurs hauteurs. Je me fige tandis qu'elle continue à remonter sa robe haut, très haut… et elle enlève sa culotte, très naturellement, qu'elle laisse tomber sur le sol. « Je reviens plus tard si vous voulez vous changer. », parviens-je à balbutier tout en la regardant dans les yeux tandis que la robe retombe lourdement. Non, c'est bon, tout est normal semble-t-il, et on s'assied, face à face, à une de ces petites tables, sur ces sièges trop rudes destinés à se transformer en mauvais lit dans la caravane. Essayant de ne pas regarder cette culotte bleue en coton façon Petit Bateau restée sur le sol, j'installe le micro, je fais tourner la bande et je commence à poser ma première question (qu'une amnésie partielle providentielle m'a permis d'oublier mais dont j'imagine la vacuité) quand elle s'exclame « Merde ! Ma culotte ! » et un pied pas très net (ai-je dit qu'elle avait chanté pieds nus ?) sort de sous la table, attrape ladite culotte entre deux orteils, la fait sauter artistiquement jusqu'à la main tendue qui la renvoie fermement façon reprise de volée vers l'habilleuse qui vient de s'asseoir à une autre table (nous avons une grande caravane !). Celle-ci, habile, a juste le temps de saisir la culotte au vol avant de la cacher comme si c'était la sienne, tandis que Juliette conclut « … Pour une fois que j'en mets une... ! ». Dans la foulée, nous enregistrons l'interview, dans laquelle elle va me gratifier de cette voix chaude, rauque, profonde et, pour tout dire mythique, que le monde entier connaît.

Cette interview, je l'ai retrouvée depuis et j'ai pu constater à quel point, si mes questions étaient basiques et sans originalité, Greco a eu la grande générosité d'y répondre en trouvant toujours quelque chose d'intéressant et d'intelligent à dire, des propos toujours très subtils de la part d'une grande artiste jamais dupe de son image. Une grande dame.

Il y a d'autres personnes autour d'elle. On m'en présente une, discrète : Gérard Jouannest. Le nullissime béotien que je suis ne réagit pas. Heureusement, l'agent qui me l'a présenté doit avoir l'habitude (le pauvre) de croiser des intellectuels de ma trempe et il insiste : « Le compositeur de Jacques Brel, par exemple. » Je crois que j'ai eu l'outrecuidance de grommeler un vague « Ah oui, bien sûr ! ».

La même personne m'a aussi demandé d'avoir la gentillesse d'enlever les multiples mots plus ou moins orduriers dont Greco avait tenu à agrémenter son discours. « Ça n'ajoute rien à son image, pour ses fans. », s'était-il excusé gentiment. Je me souviens l'avoir fait. J'espère qu'il ne m'en voudra pas d'avoir dévoilé cette anecdote où l'icône apparaît aussi, presque, comme un être humain normal. Ça fait du bien aussi parfois.

Claude Nougaro m'en a fait une très bonne dans le genre, peu de temps après. Non loin de la radio, la belle salle du Centre Culturel de La Courneuve servait souvent de salle de répétition à des chanteurs qui préparaient l'Olympia. Ce jour-là, grâce à mes sources (!), j'apprends que c'est Claude Nougaro qui répète. J'y cours, je m'installe dans un coin avec mon magnéto et je le regarde travailler pendant trois heures. Trois heures impressionnantes car il ne loupe rien de toute la préparation, y compris la balance, marchant silencieusement au milieu de ses musiciens, suivant les préparatifs, blaguant parfois avec certains mais surtout très respectueux du travail de chacun, pas star pour un sou. Au bout des trois heures, on fait une pause et il prend un moment pour me répondre. La bande défile, questions, réponses, et j'ai l'impression que son accent toulousain ressort un peu plus qu'avant l'enregistrement. Il se lance dans une de ses phrases habituelles « Je suis le petit taureau furieux... » et tombe en panne, il cherche, retente, laisse tomber l'accent exagéré et déclare au micro : « Eh ben tu diras à tes auditeurs que Nougaro, quand il n'a bu que de l'eau, il n'a rien d'intéressant à dire ! ». C'est faux, bien sûr, je le vérifierai quand on se reverra pour le *Programme de Star* d'Europe 2 ou les interviews de stars de Chérie FM…

Et il y a eu Pierre Perret.

Au sein de mon Panthéon personnel des artistes particulièrement attachants, il figure en très bonne place, aux côtés de Renaud et Véronique Sanson. Juste avant de fêter ses vingt-cinq ans de chansons à Bobino (l'original, pas encore détruit), il va venir passer plus d'une demi-journée avec nous en studio, dont deux heures de direct avec moi. Bonheur supplémentaire : quand on lui a proposé de venir accompagné d'amis, il a choisi Marcel Gotlib, une de mes idoles, le fondateur à mes yeux de la BD moderne en France, qui est presque trop modeste, je le constaterai, pour accepter cette place charnière. Quel plaisir de dialoguer avec lui autour des *Rubriques à Brac* et autres *Rhââ Lovely* !

Pierre arrive, chaleureux, souriant, d'accord pour tout. Il me demande juste de ne pas le faire chanter. Bobino est pour dans deux jours, les répétitions l'ont un peu fatigué : il doit protéger sa voix, déjà un peu rauque. L'émission démarre, simple, tranquille. Elle a déjà cette forme que j'apprécie, de discussion intime, à trois : mon invité, moi et l'auditeur, qui doit se sentir le bienvenu.

Le matin-même, avant l'arrivée de Pierre, j'ai reçu un coup de fil étonnant. Un joueur de limonaire qui me dit avoir percé des cartons toute la nuit pour que son appareil puisse jouer « Le Tord Boyaux ». Je lui demande de venir dans la matinée. Je ne lui promets rien mais je me dis que ce serait chouette de lui trouver une petite place dans l'émission.

Je le fais s'installer dans le studio pendant une coupure info et je le présente en direct à Pierre, dont les yeux se mouillent quand il apprend que le gars a passé une nuit blanche en espérant pouvoir lui faire entendre son boulot. On l'interviewe à deux, on pose un micro devant l'appareil, la manivelle tourne… Et Pierre se met à chanter, considérant que c'est bien la moindre des choses.

J'ai ça, dans mes archives : un Pierre Perret qui chante « Le Tord Boyaux », accompagné au limonaire avec, dans les chœurs, la voix de Marcel Gotlib. Inoubliable !

4

Ça bouge, enfin

Bobigny, dans les années 1980, c'est un peu la capitale de ce qui reste de la célèbre « ceinture rouge ». Aussi appelée « Valbongrad », du nom de son maire et président du Conseil Général, et pour son architecture déplorable, typique d'une idéologie qui n'a pas nourri ses architectes, Brasilia du pauvre sous le ciel gris de la Seine-Saint-Denis la plus déshumanisée. Au coin de l'avenue Lénine, juste après l'église Karl Marx (non, je ne crois pas que ce fut son vrai nom, mais c'est comme ça qu'on l'appelait car elle est dans la rue Karl Marx), juste avant la contre-allée sombre où il ne fait pas bon garer sa voiture, là, dans le virage, un escalier en béton descend vers ce que furent les studios de TSF 93. Radio associative, voulue par la fédération 93 du Parti Communiste, payée par les subventions des collectivités locales, le département et les principales municipalités communistes, elle a reçu de gros moyens et sans doute représenté de grands espoirs.

Quand j'y suis embauché, en octobre 1982 (je l'ai dit plus haut : j'ai eu mon patron à l'usure), le gros œuvre est fini mais les studios sont encore vides. Les locaux sont spacieux. Autour d'un couloir central, à gauche, du côté du puits de lumière, des bureaux, vastes, nombreux, de l'autre la discothèque, les deux grands studios et les cabines de production. Pour mon premier jour de travail, je découvre les locaux, la moquette à peine posée, l'éclairage tamisé installé et une technicienne, assise par terre, l'air totalement désemparée, entourée de dizaines de câbles à souder, repérer et ranger dans leurs goulottes. Un boulot vertigineux pour lequel on l'a abandonnée là, seule. Le technicien chef, pompeusement appelé directeur technique, traîne quelque part en Italie. Il n'y a encore que là qu'on trouve des émetteurs. Il passe régulièrement avec des Revox, des platines disques Technics, une table de mixage et de drôles de lecteurs de cassettes qu'on utilisera avec des cassettes très courtes sans amorce comme des lecteurs de cartouches. Bricolage médiocre mais qui tient dans le budget, j'imagine, et qui fera plutôt bien la blague. À deux reprises dans l'histoire de la TSF 93 que j'ai connue, la technique sera dans les mains d'une femme. Moi, c'était mon premier job, ça me paraissait normal. J'ai découvert depuis que c'était loin d'être la norme.[1]

Le matériel va tellement tarder à arriver que le premier studio ne sera prêt qu'à quelques jours du lancement,

1. Même si c'était parfois compliqué quand il a fallu à une très jeune (et très compétente) technicienne de 1,50 mètre dépanner l'ampli de puissance de l'émetteur. Monter démonter ce truc qui pèse un âne mort en haut de la tour de Romainville, le charger dans le break Citroën de la radio pour l'emporter en réparation. Devinez quel colosse s'est retrouvé à lui filer un coup de main. Oui, oui, voilà. Quel attelage, non ?

nous interdisant les quinze jours de *training* prévus. L'antenne s'en ressentira, fichtrement !

Et je vais passer là quatre ans à tout apprendre mais à tout attendre aussi. Avec cette impression, encore, que ça n'est pas vraiment commencé. Les programmes sont corrects. Sans doute pleins de défauts, trop austères sûrement, pas assez inventifs évidemment, mais ce n'est pas honteux, loin de là. Jean Kouchner, le directeur avec qui je ne m'entends pas trop bien à l'époque a, au fond, un seul gros défaut : celui de n'avoir pas beaucoup plus d'expérience en radio que la plupart d'entre nous. Mais, si ses consignes radiophoniques ne m'emballent pas toujours, nous travaillons dans une grande liberté et, pendant ces quatre années, la tutelle des bailleurs de fonds sera légère et presque jamais contraignante... les premiers temps.

Un dimanche de 1984, je reçois un coup de fil de la nouvelle directrice de TSF. C'est la crise, « Tout le monde sur le pont ! », à la façon du commissaire dans *Taxi*. Quand nous arrivons à la radio, l'ambiance est à la parano totale. *Libé* a mis en Une un titre qui dit à peu près : « Les six plus grosses FM parisiennes en passe d'être saisies ! ». Il y a quoi là-dedans ? NRJ, bien sûr, La Voix du Lézard, Radio Libertaire, 95.2, normal, ainsi que Radio Solidarité et TSF. Stupéfaction dans l'équipe, ravissement pour certains de cette pub inespérée. On a du mal à prendre la menace au sérieux, mais la patronne est pétrifiée et décide de déménager en urgence l'un de nos deux studios. En plein dimanche après-midi, je finis par dégoter une camionnette de location et nous désossons tout le studio que nous entassons dans le véhicule. Comme les murs doivent avoir des oreilles, seuls moi et Laurent Bourdon, qui me suit en voiture pour me ramener, saurons dans quel hangar prêté par les services techniques d'une ville du département sera cachée la camionnette. Au moment du départ, la directrice nous jette « Et vérifiez bien que vous n'êtes pas suivis ! ». J'éclate de rire, mais sa parano est contagieuse : au retour, je demande à Laurent si lui aussi a repéré la R16 verte qui a roulé longtemps derrière nous.

Et finalement, était-elle si parano, Agnès ? Une dizaine de jours plus tard, alors que la menace est retombée suite à la manif monstre organisée par NRJ (à laquelle nous n'avons évidemment pas participé, ingrats que nous sommes), le studio va encore rester par prudence quelque temps dans sa camionnette au fond du hangar. Mais le loueur nous appelle pour nous dire qu'un précédent client se demande s'il n'a pas oublié son portefeuille dedans. Je vais donc refaire la route jusque là-bas, pour ne rien trouver, tout en me demandant si j'avais bien surveillé mon rétroviseur. Question restée sans réponse. Il me faudra attendre quelques années pour avoir sur le dos sans doute possible tour à tour les RG et… le FBI. Mais ça, c'est juste pour ajouter un peu de *teasing* au passage !

À TSF 93, les temps deviennent plus difficiles et les gens changent. Jean est déjà parti, Agnès s'en va à son tour, remplacée par un directeur plus *stal* dans l'âme et dans les manières. Il devient clair qu'il est là pour une reprise en main et que les non-titulaires d'une carte du parti ont du souci à se faire. Que c'est le début de la fin.

Un dimanche, mon complice Laurent Bourdon et moi-même, sans prévenir personne, investissons les lieux sous les yeux surpris de l'équipe réduite du week-end. Nous passons la journée à enregistrer, mixer et monter une maquette d'émission pensée pour Europe 1. Non seulement nous enverrons l'émission complète, à la seconde près, mixée avec des pubs enregistrées sur l'antenne, mais de plus nous fabriquons un fascicule avec le conducteur de l'émission, le minutier précis, l'argumentaire, l'horaire prévu, le public visé, etc. Laurent, plus doué que moi pour ces choses-là, a même dessiné le logo de l'émission.

Dès la semaine suivante, le précieux colis est déposé à l'accueil d'Europe 1 aux bons soins de Philippe Gildas... qui vient juste de quitter ses fonctions (mais ne nous a pas prévenus, le bougre !).

Quelque temps plus tard, coup de fil d'une assistante qui me dit que le nouveau directeur des programmes, un certain Michel Brillié, veut nous voir. Je ne dors plus jusqu'au jour du rendez-vous et je déboule. Laurent entre-temps est injoignable, vivant de nouvelles aventures en Suisse. Je suis inquiet, Europe intéressée, c'est sûrement par le duo... ? Pas du tout ! m'explique Michel qui me reçoit les pieds sur le bureau (ça se faisait encore beaucoup à l'époque). Notre dossier a attiré l'attention, mais il n'a ni envie ni besoin de notre émission. Par contre, là, avec l'été qui arrive, il va faire tourner une équipe de jeunes sur la tranche 1 h-3 h du mat' à raison d'une semaine chacun. Est-ce que je veux commencer dans dix jours ? « Attention, précise-t-il, ne donnez pas votre dém', je n'ai rien pour vous ensuite, vous pouvez même prendre un pseudo. »

Évidemment, j'accepte. Je ne sais même plus si on a parlé de salaire ce jour-là. Je rentre dans mon sous-sol de Bobigny, sur mon petit nuage. Et là, un cadre qui m'a à la bonne, et qui est juste un type correct, me prend à part pour me prévenir qu'une charrette se prépare et que je suis tête de liste. Il ajoute : « Si tu veux poser des congés pour chercher du boulot »... Je saute sur la proposition et pose en congés la semaine où je serai la nuit sur Europe 1 (sur Europe 1, Europe 1 ! Je me pince un peu parce que là tout de suite, je n'y crois pas encore tout à fait). Je lui dis pourquoi en confidence et je le vois soulagé, content pour moi.

Quelques jours plus tard, j'ai reçu ma lettre recommandée et je suis dans le bureau du directeur. Le marché est clair : je pars avec dix mois de salaire, on signe les papiers et on se quitte bons amis ou on rentre dans des procédures... Je n'ai pas la tête à ça, je signe. À côté de lui, il y a la comptable de la radio, le carnet de chèques devant elle, un air gentiment désolé sur le visage. Elle rédige mon chèque, le tend à signer à *Machinsky* qui me le donne. Dix mois de salaire : jamais vu une telle somme sur un chèque de ma vie, moi. Certes, j'ai deux enfants à élever, mais, avec Europe 1 sur mon CV (« Eh, une semaine seulement, hein, n'oublie pas, quand même! »), le monde merveilleux de la radio m'ouvre enfin ses bras dorés !

Je plie mon chèque et le range soigneusement dans la poche de ma chemise, à côté de mon paquet de cigarettes, et on se dit au revoir puisque je serai en congé pour ma dernière semaine. Je vais alors pour me lever mais je me ravise et, avec un grand sourire, je dis au directeur : « Ah, si jamais tu as quand même envie de m'écouter encore à l'antenne, je suis sur Europe 1 à partir de lundi. Bon, à 1 h du mat', c'est un peu tard, c'est vrai... ». Et là, tranquillement, je me suis levé et je me souviens encore très bien du visage blême de *Machinsky*, de son regard qu'il n'a pas pu empêcher de dériver vers la poche de chemise où j'avais rangé son chèque, comme s'il pouvait le faire tomber en poussière. Et je me souviens aussi très très bien du grand sourire ravi de la comptable qui avait suivi tout ça sans un mot !

Oui, je crois que j'ai un peu quitté TSF en héros.

Par contre, l'arrivée à Europe 1, ça a été une autre paire de manches. Parce qu'on n'entre pas comme ça dans une radio qui, à cette époque, alors que sans le savoir encore, elle va bientôt partir en lambeaux, se prend toujours pour la reine du PAF. Elle est passée à côté de l'émergence de la FM, a tergiversé en créant CFM, soutenant 95.2 mais en tentant la récupération de la *Radio Libre* avec l'émission éponyme (pour utiliser un mot bien à la mode au début du XXIe siècle), et ses grands concepts ont tous vécu. Mais les réalisateurs qui y travaillent ne le savent pas encore et il faut montrer patte blanche, être coopté par eux. Et passer par divers bizutages. Rien de bien méchant, certes, mais...

Europe 1, à l'époque, c'est peu de studios de direct, finalement. Pour les nuits, on m'installe au 4, le plus vieux studio de France. Il date de la création d'Europe 1. Il est encore en mono et sa console aurait déjà sa place dans un musée. Quant aux platines disques Studer, ce sont encore les modèles dont le moteur tourne en permanence et dont le plateau tombe lourdement pour démarrer en deux secondes. La console est tellement longue qu'on ne peut atteindre les deux côtés en restant assis. Il faut marcher devant pour ouvrir le micro, à l'extrême-gauche, alors que les lecteurs de cartouches sont à l'extrême-droite. Je prendrai donc l'habitude de travailler debout en déplaçant mon micro bringuebalant au bout de sa perche.

Pour apprendre le fonctionnement du studio, le chef d'antenne chargé de me former prend exactement une minute et demie. Allez, à toi ! Ben non, t'es gentil, tu recommences... Regard courroucé, air déçu. Bien sûr, c'est de la blague, bien sûr ce n'est pas méchant. Mais c'est que je fouette, moi !

Pour ma première, j'arrive avant minuit, plus d'une bonne heure avant le direct, histoire de me mettre dans l'ambiance. Trop tôt en fait, le temps de commencer à flipper un maximum. Ah oui, parce que cet été-là, figurez-vous qu'il y a une Coupe du monde de football (de football ! Est-ce qu'on peut imaginer un sujet qui m'intéresse moins dans ce monde ?) au Mexique ! Et au Mexique, ces gens-là ont la drôle d'idée de jouer au foot à l'heure de mon émission. Ça s'appelle du harcèlement, ça, non ? Donc, l'équipe des sports, dirigée par le toujours calme (ah, ah !) Eugène Saccomano, va intervenir par téléphone quand bon lui semble. Et, pour tout arranger, par téléphone, il y trois secondes de décalage (oui : trois !). Donc, m'explique-t-on, pour éviter les blancs à l'antenne, il faudra que je donne un mot-clé à l'avance au journaliste, qui saura qu'il peut démarrer parce qu'il me reste trois secondes à parler. Si on ajoute à ça le fait que je réalise tout seul l'émission, avec les disques, les instrumentaux sur bande magnétique, les pubs en cartouches, et que je ne touche pas aux « cigarettes-qui-font-rire-bêtement » ni à la poudre qui rend invincible et qui tourne beaucoup dans les studios, on comprendra l'état d'esprit dans lequel j'arrive rue François 1er ce soir-là.

Le studio où je vais donc officier est dans le couloir du premier étage, dans le virage, contigu au CDM[1] avec lequel la porte mitoyenne reste ouverte, ce qui permet au chef d'antenne de m'aider le cas échéant, de me surveiller, me semble-t-il, de chercher à me dégoûter, j'en suis rapidement persuadé. Car, alors que je répète des enchaînements, imagine des lancements, le voilà qui tourne autour de moi, en pantoufles (parce que la nuit, il a « les pieds qui gonflent ») et qui m'explique que l'un des avantages de travailler la nuit, c'est qu'on fait monter des plateaux-repas de la cantine, avec de la viande froide, de la mayonnaise, du poulet froid, de la mayonnaise, de la charcuterie, de la mayo...

— Arrête, s'il te plaît, je vais vomir.

— Bon, bon...

Il s'éloigne.

Il s'éloigne mais il reviendra. Il ira jusqu'à me mettre le plateau sous le nez (avec tout ce qu'il a dit, plus de la macédoine et surtout cette foutue mayonnaise) pendant un speak !

---

1. Centre De Modulation : Centre névralgique de la radio où tous les sons arrivent et repartent, où les studios sont mis *on* et *off*, d'où les modulations partent vers les émetteurs, satellites, etc.

Quelques minutes avant l'antenne, un mec un peu foufou est entré en trombe dans le studio, totalement ébouriffé : Yann Hegann, qui, à toute vitesse, m'a balancé à peu près : « Scuse-moi d'être en vrac, je me lève mais je voulais faire un saut pour te souhaiter la bienvenue sur Europe ! ». Yann Hegann, un mythe pour des mecs de ma génération. Venu me souhaiter la bienvenue... ! Tu l'as oublié ça, toi, Yann, hein ? Bah pas moi.

D'ailleurs, il est inoubliable, Yann ! Plus amoureux de la radio que lui, à l'époque, on ne faisait pas. Des animateurs en autoréalisation, à l'époque, il y en avait très peu. Les gars de la nuit de RTL, bien sûr, dont l'incroyable Bernard Schu avec qui je lancerai Europe 2 un peu plus tard. Mais à Europe1, il me semble bien qu'il est le seul à ce moment-là (suivront Bigot, Duroy et bien sûr Jacky Gallois). On l'a vu réaliser son émission avec un mini-studio mobile dans les bulles installées aux Galeries Lafayette, dans des centres commerciaux, ou dans n'importe quel studio de la rue François 1er qu'il manipulait avec une aisance diabolique. Et quand il n'est pas à l'antenne, il produit de l'habillage, des jingles ou il donne un coup de main au direct. Un réalisateur en retard ? Yann est là. Un technicien malade ? Yann est là.

Un petit nouveau débarque : Yann est là, pour lui souhaiter la bienvenue. La classe.

L'émission – ma première émission à Europe 1 ! – a lieu, je ne sais pas trop comment, mais je m'en sors sans trop de casse. Pour lancer les journalistes, j'ai trouvé un truc, mon truc. Plutôt que de choisir à l'avance un mot et le leur faire donner par le CDM, trop compliqué, j'ai décidé que le mot de code serait leur nom. À moi d'ajouter une fioriture de trois secondes ensuite. Au fur et à mesure, je prends de l'assurance et, comme les footballeurs poursuivent leur bal sous un déluge tropical, soulevant des gerbes d'eau, je m'amuse à ajouter des petites blagues, après le lancement, genre « En direct de (je vous passe le nom mexicain), on retrouve AC... Alors, AC, encore personne de noyé sur le terrain ? ». Et là, je suis ravi parce que A, comme prévu, commence à répondre avant la fin de ma phrase, du tac au tac, sauf qu'il entend la blague avec le retard du satellite, se marre en décalé et donc risque de passer aux yeux des néophytes pour un gars pas rapide. Je lui fais le coup à plusieurs reprises dans la semaine. Bon bougre, il se marre.

Par contre Eugène… ! Ouh là pardon… J'entends encore sa voix dans le vieux haut-parleur de contrôle du CDM : « Il a bientôt fini de nous faire passer pour des crétins, l'autre petit con ? ». J'ai calmé le jeu : c'était Sacco, quand même. Bien des années plus tard, lors d'une conférence de presse de rentrée à RTL, je suis venu me présenter, parce qu'on ne s'était en fait jamais rencontrés. Je lui ai raconté l'anecdote, qu'il avait apparemment oubliée. Ça l'a fait marrer. Mieux vaut tard… C'est sûr : sans la pression du direct et l'adrénaline des matchs, ça passe mieux.

Cette première semaine à Europe se déroule donc sans trop de problèmes. J'ai réussi à prendre un peu d'assurance, le regard du chef d'antenne derrière m'apparaît moins sévère, j'ai fini par comprendre que j'ai affaire à une bande de sacrés déconneurs et que la tradition veut (à l'époque) que la nuit, comme ne disait déjà plus depuis longtemps Jean-Michel Desjeunes sur la même antenne, *tout peut arriver...*

Fin de ma semaine, je pars chercher du boulot. Je vais tenter RFM (j'y resterai trois nuits, le système de titres enregistrés sur bande magnétique me stresse beaucoup trop), 95.2, mon rêve inaccessible, la future Chérie FM, qui ne s'appelle encore alors que de sa fréquence... Je vais y rester trois mois, pas plus...

5

La Taupe

N'ayant rien de sérieux à me donner comme tranche, et semblant le regretter, Michel Brillié, alors directeur des programmes d'Europe 1, me dit d'aller voir du côté d'NRJ où se prépare un programme Gold (je me souviens, à ma grande honte, lui avoir demandé ce que c'était)[1]. J'y vais donc de sa part et la recommandation fonctionne. On m'embauche. Pendant trois mois, je vais pousser quatre heures de Golds par jour. Des Golds, mais aussi quelques moisissures fameuses comme le mémorable « Arrête arrête ne me touche pas » de l'improbable Patricia Carli. Un jour, je craque et je laisse le micro ouvert toute la chanson pour commenter le texte. Un vague programmateur qui se prenait pour le directeur d'antenne arrive et me dit : « J'ai beaucoup

1. Note pour les plus jeunes : un programme Gold s'écoute dans la voiture des parents. On y passe les chansons qu'ils écoutaient quand ils étaient jeunes et ils se mettent à fredonner comme devant le générique de *Friends*. D'où un sentiment d'intense « gênance » pour ceux de ta génération et l'envie de descendre en marche.

ri, mais tu ne recommences jamais ! », avant de mettre la cartouche à la poubelle[1].

À cette époque, il y avait trois animateurs et trois chefs, sans compter la hiérarchie d'NRJ, qui se foutait du produit allègrement. B. B., délicieux producteur anglais venu de CBS, essaye de gérer la radio, François D. y arrive, et un troisième larron qui fait heureusement partie désormais des anciens (et nombreux) mauvais souvenirs de ce métier, essaye de comprendre quelque chose à son Selector.[2]

Et il y a cette femme étonnante, qu'on ne m'a jamais présentée et qui se promène là-dedans en donnant son avis sur tout, se prenant pour une quatrième directrice. On met le temps avant de m'expliquer ses rapports très particuliers avec la hiérarchie. Mariée à un chanteur des sixties qui a donné son nom à l'un de ses seuls succès, elle est plus proche d'un grand manager de la maison et tente de s'imposer comme directrice d'antenne de ce projet. Et c'est elle qui m'annonce un jour avoir choisi le nom de la radio : Chérie FM. Là, mon sens aigu du marketing n'a fait qu'un tour et j'ai répondu du tac au tac : « Ça ne marchera jamais ! ». Takavoir.

Bien sûr, ce fut la seule fois où je m'égarai de la sorte. Euh, ah non, finalement, j'y reviendrai (si vous insistez). Ou pas.

Durant les trois mois où j'anime le 11 h-15 h de ce flux musical, j'ai – à force d'obstination, j'imagine – réussi à décrocher les nuits du week-end d'Europe 1.

1. Pour ceux que ça intéresse vraiment : pour ne pas abîmer les titres qu'on diffusait le plus, ils étaient copiés sur une cartouche, sorte de boîtier de plastique avec une bande magnétique sans fin bipée pour se recaler au début après chaque diffusion. On notera donc que certains ont voulu protéger ce titre de Patricia Carli. Drôle d'époque.

2. Principal logiciel de programmation musicale.

Le titulaire de la tranche a dû l'ouvrir quand il ne fallait pas, j'étais dispo : je récupère le créneau, je soupçonne que c'est surtout pour lui apprendre à la fermer. Bref, peu importe : je suis sur Europe. Que dit mon contr... Ah non, c'est vrai : je n'ai aucun contrat. Payé au cachet, semaine après semaine, appelé le jeudi pour confirmation du week-end en 8. Très pratique ! Mais je m'en contre-fiche : je suis sur Europe !

Je fais la connaissance de Marie-Christine Bloch, l'une des grandes figures de la programmation musicale dans la maison. C'est elle qui sera en charge de ma tranche. En fait, en guise de prog, elle me donne deux valises de disques (45 tours et maxi-45 tours) qu'elle renouvelle à raison de six titres par semaine. À moi de me débrouiller pour renouveler mon ordre de diffusion, moi qui n'ai pas la moindre notion de programmation musicale, de rythme, « de pleins et de déliés », comme dirait Roland Dhordain[1]. Le bureau de Marie-Christine, c'est un lieu magique. L'un des seuls qui donne sur la rue François 1er, et non sur l'une des cours, et les murs sont recouverts d'étagères pleines de milliers de vinyles, albums surtout. Toute l'histoire musicale d'une génération est là, dans ce bureau que récupérera par la suite Marc Garcia, au lancement d'Europe 2. Mais je vais trop vite.

C'est dans le bureau de Marie-Christine que je ferai la connaissance de Jean-Yves Lafesse, que j'ai recroisé tant de fois, jusqu'à Rire & Chansons, ce charmant farceur dont j'admire la capacité à faire rire les gens avec tant

1. Ancien patron de la radio nationale, Roland Dhordain : *Le Roman de la Radio*, Éditions La Table Ronde, 1983.

de gentillesse, jamais à leurs dépens, contrairement à tant de pseudo-comiques.

Dans l'un des couloirs d'Europe, où je n'aurai jamais de bureau attitré, on me confie la clé d'un haut placard, dans lequel je range la semaine mes valises de disques, et mes mallettes de jingles, patiemment fabriqués au fur et à mesure des semaines. Il me faut deux voyages pour tout amener dans le studio où j'officie désormais deux fois par semaine : la nuit du vendredi au samedi de 3 h à 5 h du matin et la nuit suivante de 1 h à 5 h. Les premiers temps sont redoutables : 3 h du matin, pour aller bosser, c'est quoi ? Le petit matin ? (Va dormir jusqu'à une heure du mat' le vendredi, tiens !) ou le soir (3 h, quand on veille, c'est pile l'heure du coup de barre !) ? Heureusement, rapidement, l'émission pourrie d'un faisan du PAF qui me précède le vendredi soir sera déprogrammée et je récupérerai les deux heures en question. Ce qui n'empêchera pas le coup de barre de 3 h, d'ailleurs.

Les chefs d'antenne ont commencé tranquillement à me prendre au sérieux, semaine après semaine. À part Yann Hegann, seuls Jacky Gallois (transfuge de NRJ), Nicolas Duroy (venu de CFM) et finalement moi semblons capables d'autoréalisation. Après mon baptême du feu au studio 4, celui qui a connu Ramsès II, je suis balancé à la régie de l'*Écran* (nom du studio principal qui allait s'appeler plus tard le studio Coluche) et, finalement, on me confiera les clés du *JP*, studio prétendument « automatique » (je n'ai jamais su ce qu'on entendait par là) et dont seul Yann Hegann, encore lui, avait jusque-là la jouissance.[1]

Le *JP*, pour ceux qui ont traîné rue François 1er à cette époque, c'est le petit studio DJ qui se trouvait au premier étage, juste à droite de l'escalier principal. Une régie prévue pour l'auto-réalisation d'un côté, trois micros en face, pas de vitre entre les deux (c'est le seul dans ce cas alors à Europe) et pas de passage d'un côté à l'autre de la console. Deux portes donnent dans le couloir, l'une pour la régie, l'autre pour les journalistes, chroniqueurs, etc. Ce studio, je ne le sais pas encore, va devenir un peu mon nouveau chez-moi car, après y avoir passé quatorze mois de nuits de week-ends, une fois remodelé sur mes propres plans, il sera celui de mon morning d'Europe 2 lors d'une saison particulièrement mémorable ; mais c'est pour plus tard. À bien y penser, on ne doit pas être si nombreux à avoir travaillé du même studio pour deux radios différentes…

En face de moi, là-bas, de l'autre côté de la console, il y a un canapé, destiné à accueillir les attachés de presse et autres accompagnants des vedettes que reçoit Yann Hegann durant la semaine. Un joli petit canapé tout simple mais que j'ai appris à détester ô combien. Avant d'aller bosser, le vendredi soir, ou le samedi soir, et partant du principe que, quand tu finis à 5 h du matin, c'est difficile d'être en phase pour les déjeuners de famille le dimanche midi, j'ai pris l'habitude de dîner dans le coin avec des amis, de la famille, que je quitte

1. J'ai appris très longtemps après que *JP* voulait dire *Journal Parlé*. On avait donc redonné au plus récent des studios de la maison le nom le plus ringard. Magie des traditions…

vers minuit, assez fanfaron, je dois le reconnaître, pour aller faire le malin à la radio, pendant qu'ils m'écoutent en rentrant chez eux. Mais quand tu dînes bien, dans un bon restaurant du VIIIème vers 21 h ou 22 h, la digestion est lourde et, vers 3 h du mat', tu sens que ça pique bien les yeux. Au volant, tu t'arrêterais pour un petit roupillon. Là, pas possible ! Et il y a là-bas, en face de moi, ce foutu canapé qui me fait les yeux doux et me parle comme le serpent du *Livre de la Jungle* (oui, la version Disney) : « Aie confiance… ». Non, jamais ! Surtout pas…Il faut être honnête : elles sont parfois longues, les nuits, à Europe. Heureusement, à 2 h et à 3 h du matin, j'ai la visite d'un journaliste. Comme nous sommes quasiment seuls dans la maison, il est obligé de descendre dans mon studio pour son flash. D'où l'importance, quand j'arrivais à minuit trente environ pour me préparer, de déverrouiller les *deux* portes, puisque j'ai dit qu'il n'y avait pas la place pour un passage entre les deux moitiés du studio à l'intérieur. Vous me voyez venir ? Bien sûr, un jour j'ai oublié d'ouvrir l'autre porte. Et les journalistes, vous les connaissez, toujours à arriver au dernier moment. C'était Vincent Parizot cette nuit-là, le journaliste le moins stressé du monde (encore que, mais c'est une autre histoire, qui viendra plus tard). Moi, pas inquiet, j'avais déjà commencé mon dernier speak de l'heure, confiant, sachant qu'il arriverait *in extremis* mais à l'heure. Derrière la grande vitre qui séparait le studio du couloir, je l'ai vu passer, aller à la porte... et ne pas pouvoir l'ouvrir puisque l'imbécile qui causait dans le poste en même temps n'avait pas pensé à la déverrouiller en arrivant. Que faire ? Rebalancer un disque ?

Pas possible, trop long ! Pire, un instrumental ? Bref un quelconque bouche-trou pour « meubler » l'antenne (quel mot horrible !) le temps d'aller lui ouvrir ? Nul : le carillon approchait irréductiblement, ce carillon que je mettais un point d'honneur à respecter absolument. J'ai dû devenir blême en voyant ce qui se passait. Tranquille comme toujours, Vincent est entré de mon côté dans le studio et j'ai respiré, me disant qu'il allait faire son flash de mon côté, de mon micro, et j'allais me lever pour lui céder mon siège quand ce grand gaillard est grimpé sur le bord du meuble, a enjambé la console, est monté sur la table, s'est cogné bien sûr contre les appliques lumineuses du plafond pour s'installer en face de moi. J'ai fini mon speak, laissé passer le carillon, et j'ai pu le lancer comme si de rien n'était.

Mais j'ai été grand seigneur : à la fin du flash, aussitôt après avoir lancé mon disque suivant, je suis allé lui ouvrir la porte pour qu'il sorte normalement du studio ! Oui, je suis comme ça, moi.

Dans ce studio aussi, j'ai plein de bons souvenirs... D'abord, entre 4 h 30 et 4 h 45 du matin, y voir entrer Harold Kay, qui animait encore les petits matins du week-end. Harold qui s'asseyait là quelques minutes, un petit quart d'heure pour prendre des nouvelles, parler boulot avec le gamin (je n'en avais plus l'âge mais toujours les yeux quand il entrait) des nuits. Formidable Harold, emblématique de la Europe 1 des grandes années, dans les jeux du midi ou sur le podium l'été. L'élégance incarnée, l'humour écossais, la grande classe, quoi... Il était là depuis si longtemps ! Il avait tout connu : l'équipe de

Bellemare que j'écoutais gamin, les tournées avec les stars… Il avait tant à raconter.

On est si peu nombreux la nuit, le week-end, à Europe, que la porte du studio reste toujours ouverte. Seul défaut : elle est derrière mon dos et si quelqu'un entre pendant un speak, cette personne a la politesse de rester tranquille en attendant la fin. Mais cette présence, que je sens sans l'identifier est assez désagréable, il faut le dire.

Je me souviens qu'un soir, j'ai d'abord senti une forte odeur de cigare. À l'époque, on avait encore le droit de fumer dans les studios. Mais le cigare, c'était rare. On sentait plus souvent le pétard que le cigare, dans ce temps-là. Je suis sur le point de faire une intervention, un enchaînement, un de ces speaks vides, sans contenu, dits « d'accompagnement », les plus compliqués. Je viens d'enfiler mon casque (ces vieilles gamelles LEM qui ont déclenché tant de migraines). Avant d'ouvrir le micro, je jette un œil derrière moi et je découvre, qui vient de s'installer tranquillement sur une chaise au fond du studio... Franck Ténot. Franck Ténot ! Le mythe absolu, en chair et en os ! De *Pour ceux qui aiment le Jazz* au mythique *Salut les Copains* avec son complice Daniel Filipacchi, Franck est non seulement une légende dans le métier ainsi qu'un ponte du jazz en France, mais aussi, depuis peu, le PDG d'Europe, rappelé de sa retraite par Jean-Luc Lagardère.

Franck, de toute évidence, sort de soirée, environné d'un parfum de whisky. Il tire sur son cigare nonchalamment et me fait un petit geste qui doit vouloir dire « T'occupe pas de moi... ». Ben voyons, c'te blague ! Je me recolle devant mon micro et je fais mon *speak*, détendu comme on l'imagine. Je ne suis pas sûr que mon déo ne m'ait pas abandonné, à ce moment-là ! 48 heures, qu'elle dit la pub ? Tu parles !

Je ferme mon micro, enlève mon casque et me tourne vers le Boss qui me dit d'un ton tranquille : « 17 sur 20… ». Pas mal, finalement, j'ai rarement eu ça au lycée… Et il est parti à me raconter que, en gros, il s'enquiquinait à sa soirée et qu'il avait voulu passer à la radio, voir ma bobine. Et il a ajouté qu'il fallait que j'en profite (conseil que j'ai toujours suivi !) parce que c'était là qu'on s'amusait, « Pas là-haut ! » a-t-il ajouté en montrant l'étage de son bureau.

Sacré Franck. Je ne l'ai croisé que quelques fois mais j'ai été frappé par la manière qu'il avait d'être toujours dans le coup. Et par cette étincelle de jeunesse qui brillait toujours dans son œil. La magie de la radio, clairement. Quand, avec Michel Brillié, Marc Garcia et un consultant américain de sinistre mémoire, il s'est agi de lancer Europe 2, je me souviens encore de la vision futuriste que Franck a exposé à quelques chanceux, dont moi. Certes, il n'imaginait pas les évolutions techniques (la numérisation, notamment, de nos outils) mais la façon dont, après avoir fait plaisir à l'autorité de régulation, on allait remettre la main sur tout le processus de fabrication et de diffusion. Cet homme avait une vraie vision du métier. Et il était vachement sympa et séduisant, ce qui ne gâte rien.

Je ne sais plus pour quelle raison j'avais eu la chance qu'il me choisisse comme troisième invité pour l'accompagner à un concert d'Oscar Peterson au Palais des Congrès. C'est grand, le Palais des Congrès. Mais quand on vient à un concert de jazz avec Franck Ténot, on est forcément bien placé. Avec Michel Brillié et Jacky Gallois, nous encadrons donc Franck pour un concert de cette star mondiale… où je m'ennuie monstrueusement, et un peu honteusement, moi qui n'y connais rien. Vient l'entracte. Franck nous entraîne vers l'une des brasseries de la Porte Maillot. On discute, on parle de radio, avec Franck, ce président si subtil, si chaleureux. C'est magnifique. Le temps passe. Par politesse, je fais remarquer l'heure, l'entracte qui se termine sans doute… « Bof, fait Franck, c'est emmerdant. »

Quel soulagement !

Une heure du matin, le vendredi soir, mon entrée en scène. C'était un horaire fatigant mais j'attendais ça pendant toute la semaine. Après mes années d'apprentissage à TSF, j'étais enfin sur Europe ! Juste avant moi, il y avait Christian Barbier[1], nonchalant, un peu snob, tranquille, arrivant après son éternel siffleur[2]. Face à lui, à la réalisation dans la régie de l'Écran, Jef, qui portait alors la queue de cheval – qu'il coupera plus tard en allant faire le cadre à Canal – sous son Stetson. Jef qui m'impressionne par la décontraction tranquille avec laquelle il réalise l'émission.

Parmi les chroniqueuses, il y a cette journaliste d'un hebdomadaire de télé et de culture, parfois un peu snob,

1. Pour Googliser Christian Barbier, préciser « radio », car il a eu un homonyme, comédien de télévision, vedette de la série l'Homme du Picardie. Rien à voir.

2. Gérard Klein, Pierre Bouteiller et Christian Barbier ont en commun d'avoir toujours gardé, même en changeant d'antenne, le même générique. « Wigwam » de Bod Dylan pour Klein, « Girl Talk » de Neal Hefti pour Bouteiller et « Where the rainbow ends » du Tony Hiller Orchestra pour Barbier. Certains vous parleront aussi du « Lil' Darlin' » revu par Henri Salvador pour le *Pop Club* de José Arthur, mais ce ne sera pas le seul générique du *Pop Club* qui n'a donc pas sa place dans ce cercle très fermé. On est puriste ou on ne l'est pas !

qui parle théâtre le vendredi. Ce soir-là, elle parle de la pièce jouée par les inséparables Jean Desailly et Simone Valère. Elle résume la pièce, explique les personnages, avant de commencer l'interview quand, très gentiment, Dessailly la coupe :

— Mais... Il y a longtemps que vous avez vu la pièce ?

— Euh… (réponse de la journaliste pour le moins interloquée) Au début, quand vous avez commencé…

— Ah… (Silence désolé de Jean Desailly, qui se tourne vers son épouse) Tu vois Simone, on était très mauvais au début. (Se tournant à nouveau vers la chroniqueuse dont on a noté que j'ai l'indulgence de ne pas la nommer) Parce que ce n'est pas du tout ça.

Et là, j'entends encore, claquant dans mon oreille l'énorme éclat de rire à briser les fenêtres de Christian Barbier, un éclat de rire salvateur, qui m'a fait me demander si oui ou non, c'était bien lui qui avait désiré la présence de la journaliste-de-la-revue-un-peu-snob dans son émission ! Plus de trente ans plus tard, j'apprendrai qu'elle était peut-être celle qui avait planté TSF le jour du lancement et à qui je devais donc incidemment le début de ma carrière.[1]

Toujours la nuit, au JP, à Europe. Il est autour de 4 h du matin. Tout est plus calme que jamais. Il faut dire que, pour une raison qui m'échappe, 4 h du matin est la seule heure où il n'y a pas d'infos. À moi de me débrouiller pour faire arriver un disque sur le carillon, laisser passer icelui automatiquement (il paraît qu'on peut trafiquer

1. Si on veut être complet au sujet de cette personne, elle reprendra des années plus tard la production d'une émission de France 3 dont je suis la voix off et me déclarera « Ah Remy, depuis le temps que j'attends de travailler avec toi ! » avant de changer de speaker.

le carillon d'Europe, le rendre silencieux sur l'automatisme et le passer en cartouche à la demande, mais je m'y suis toujours refusé. Mon petit snobisme à moi...), jingle, speak horaire, et on relance la musique...

Il est donc aux alentours de 4 h du matin. Brusquement, j'entends du bruit, on court dans le couloir, des vigiles, qui ordinairement se baladent dans l'immeuble, se précipitent en courant vers le hall d'entrée. Je me mets sur le pas de ma porte, en parfaite Mme Michu, et je m'enquiers de ce qui se passe. Un vigile en passant me lance rapidement : « On a tiré dans la porte d'entrée ! ». J'apprendrai plus tard qu'un automobiliste a ralenti en passant devant le 26 bis rue François 1er (ou était-ce déjà le 28 puisque le hall a été déplacé au fil des ans ?) et tiré au fusil à pompe avant d'accélérer brusquement. Un journaliste, descendu voir ce qui se passe, supposera que ceci est dû – déjà ! – à une prétendue prise de partie de la radio dans le conflit du Moyen-Orient qui empoisonne déjà régulièrement les débats.

N'empêche qu'à 5 h 20 du matin, une fois mes valises rangées et mes respects présentés un peu partout, quand je suis venu pousser la porte de remplacement (on avait réussi à poser un panneau de contreplaqué dans la nuit pour remplacer momentanément la porte vitrée), le temps de marcher – rapidement ! – jusqu'à ma voiture, ben je ne me suis pas senti très fier !

Mes nuits au JP... Honnêtement, c'était parfois un peu long. Lâché tout seul avec ma cargaison de disques renouvelés comme je l'ai expliqué, improvisant le conducteur[1] au fur et à mesure, je manquais de... compa-

---

1. Conducteur : ordre d'enchaînement des titres.

gnie ? de conseils ? Surtout de consignes ! Pas d'écoutes de piges, à l'époque, pas de règles d'antenne. Quel était mon public ? Pas la moindre idée : à moi d'imaginer les auditeurs, sur la route, rentrant de soirée, de boîte, de virée en famille, du boulot, et juste, au détour d'un couloir, quelques conseils, toujours subtils, avisés et chaleureux de l'indispensable Michel Brillié qui de directeur des programmes d'Europe 1 passera plus tard au statut d'ami fidèle.

C'est l'époque de la création de Canal+ qui a généré une véritable hémorragie chez les cadres et journalistes d'Europe, fascinés par la télé moderne qu'on leur promettait. Philippe Gildas, je l'ai dit, a quitté la maison, comme Guillaume Durand et bien d'autres. Pour la première fois en France, une chaîne ne s'arrête pas la nuit. Du coup, je peux regarder quelques films (en coupant le son, bien sûr) dans mon JP pendant mes maxi-45 tours. Mais c'est aussi la première fois qu'on diffuse des pornos à la télé, ce qui occupe bien les nuits des chefs d'antenne… et de l'animateur qui, un soir, joue à synchroniser je ne sais quel titre de sa playlist (était-ce un Frankie Goes To Hollywood ?) avec le rythme soutenu d'une action en gros plan du film de la chaîne cryptée… D'un coup, j'entends la voix du chef d'antenne dans le *Drake* (intercom entre les studios) :

— Euh, je rêve ou tu mixes le son du film avec la zik, là ?

— Comment tu le sais ?, fut ma réponse maligne.

Je ne savais pas qu'on vivait à l'époque la fin d'une tradition de blagues radiophoniques. La plus répandue étant de mettre un autre studio que celui à l'antenne en « tête de chaîne ». À partir de ce moment, votre studio d'antenne et ce que vous y réalisez ne part plus directement à l'émetteur, mais passe d'abord par la console de cet autre studio et ça permet au réalisateur de mixer ce qu'il veut par-dessus. Ainsi l'un des plus facétieux (et adorables) des chefs d'antenne a-t-il passé une nuit entière à ajouter sur mes speaks les bruitages de la défunte émission de Thierry Le Luron. Quant au réalisateur des mornings du week-end d'Harold Kay, il adorait ajouter sur mon dernier speak les voix des petits vieux du Muppet Show, et ça se finissait régulièrement par les fameuses répliques « C'est fini ? — Oui ! — C'était bien ? — Je sais pas : je m'suis endormi dès le début ! — Ben t'as pas loupé grand-chose ! (rires) ».

Il y avait beaucoup de gentillesse dans toutes ces blagues, une manière de vous accueillir, de vous adouber. Ça et l'autre occupation des nuits : écouter ceux qui allaient partir en retraite raconter les débuts de la radio. Les émissions de Francis Blanche, de Maurice Biraud, de Gérard Klein…

Il y eut aussi quelques nuits mémorables. Comme ce soir de juillet 1987 où devait se terminer à Lyon le procès de Klaus Barbie. Une baraque de chantier avait été installée sur la place, devant le Palais de Justice, avec un studio provisoire où Vincent Parizot devait officier en compagnie du mémorable Dominique Pottecher, le célèbre chroniqueur judiciaire, dont ce serait sans doute la dernière participation à l'antenne.

À mon arrivée, on me prévient : il y a une Spéciale qui va déborder, on ne sait pas quand ils rendront l'antenne, à moi de me tenir prêt pour prendre le relais. Je cale quelques disques, des jingles, et je suis à l'affut dans mon JP. À l'extérieur du studio provisoire, là-bas à Lyon d'où le procès aurait peut-être dû être dépaysé tant la tension est encore grande, le public gronde, certains veulent intervenir à l'antenne, dire leur colère. On entend des bruits, des coups frappés contre la baraque et, finalement, Vincent Parizot doit rendre l'antenne précipitamment. La légende d'Europe veut qu'il ait laissé un pantalon dans la cohue.

De mon côté, que faire ? Prendre l'antenne comme d'ordinaire sur l'air de « Youpi tra la la en vl'a d'la bonne musique » ? Je ne le sens pas. J'enchaînerai d'abord quelques titres au rythme lent, entrecoupés de jingles, sans un mot, avant de commencer une animation soft. Difficile d'être l'amuseur seul à l'antenne quand l'actualité vous bouscule.

Quelques mois auparavant, j'avais déjà dû m'effacer à plusieurs reprises dans la nuit devant l'info. 6 mars 1987, le *Herald of Free Enterprise*, un ferry qui devait relier Douvres depuis la Belgique, prend l'eau et se couche au large de Zeebrugge, faisant près de 200 morts. Le correspondant local d'Europe est malheureusement en vacances et les infos partent de la rue François 1er. Le journaliste de permanence est occupé à préparer des flashes spéciaux, et c'est moi qui, à plusieurs reprises, vais devoir lancer le seul journaliste qu'on a trouvé disponible pour filer sur place, alors que ce n'est pas du tout mon emploi ! « On retrouve sur place Pierre-Henri Marin. »

Bravo, Europe, quelle ironie…

6

On vit une drôle d'époque

Longtemps animateur sur des réseaux musicaux, je me suis pris quelques vannes de la part de mes patrons (Marc Garcia, le gourou d'Europe 2, ou encore Christophe Sabot, la terreur de Chérie FM, dont je reparlerai), pas méchantes, du genre « Ah oui, c'est vrai que c'est toi, l'animateur qui sait lire... ». Drôle d'image, que je ne voyais pas, moi qui m'étais toujours pris pour un branleur. Oui, j'ai fréquenté la fac pendant plusieurs années, mais c'était plus pour passer le temps, avoir une raison sociale momentanée. À cette époque, je prenais plus à cœur mon boulot de pion et d'animateur de centre de loisirs à La Courneuve (l'impression, parfois, de pouvoir servir à quelque chose avec certains gamins) ou mon écoute compulsive des émissions de radio et de la technique de mes idoles (Gérard Klein,

Pierre Bouteiller, Philippe Aubert, Fabrice, André Torrent, Jean-Loup Lafont, j'en passe...).

Et à un moment, une sorte de vernis culturel a fini par m'atteindre. Grâces soient rendues à certains de mes profs de l'ESRA... Notamment Benoit Ruelle qui nous avait balancé « On s'en fout que vous aimiez ou non tel mouvement artistique ! L'important c'est de ne pas le louper ! Vous direz quoi à vos petits-enfants quand ils vous demanderont : Tu as connu, toi, tel peintre, tel auteur, tel dramaturge ? ».

De la même manière, à TSF, ma première radio, dans les tous débuts...

Ce n'est pas faire injure au directeur des programmes de l'époque que de dire que ce n'était pas son métier. Non, lui son truc, d'où il venait et qu'il maîtrisait par-dessus tout me semblait-il, c'était le théâtre. Encore une chose à laquelle je ne connaissais rien, tiens ! Gamin, j'avais vu, un peu gêné, *La Cage aux Folles*, chose que j'ai toujours considérée comme une tache honteuse sur de belles carrières, *Boeing Boeing*, pas trop fier non plus, *Au Théâtre ce soir* à la télé et, on se demande bien pourquoi, *Le Gardien* de Pinter (avec Sacha Pitoeff et là, j'ai senti qu'on touchait à autre chose...).

Heureusement, le collège et le lycée m'avaient donné le goût d'un certain théâtre classique et je me régalais de certains vers d'Hugo (ah, Don César de Bazan, dans l'interprétation jouissive de Jean Piat, magnifique !), de Boris Vian (*Les Bâtisseurs d'Empire*, quelle claque !), de Camus, dont le *Caligula* m'avait scotché, et bien sûr de Molière dont l'Alceste ombrageux (et franchement pénible pour ses contemporains) était l'un de mes meilleurs amis, tandis que les grands tragédiens me laissaient de marbre...

Lew B., notre directeur des programmes, avait pour habitude de glisser dans nos casiers les propositions de sujets pour nos émissions. Quand c'était particulièrement important, la photocopie s'ornait d'un post-it de sa main avec la sempiternelle formule « M'en parler ».

C'est comme ça que je suis venu dans son bureau avec ce programme d'une pièce donnée au Théâtre de la Tempête. Déjà, ce fut l'occasion pour moi d'apprendre que La Cartoucherie, ce n'était pas QUE le Théâtre du Soleil, qu'il n'y avait pas QUE la compagnie d'Ariane Mnouchkine dans la vie, et que les vrais connaisseurs de théâtre se piquaient justement d'aller aussi (plutôt ?) dans le théâtre créé par Jean-Marie Serrault (que j'aurais donc dû connaître).

Lew me commanda d'aller y voir *Rêves de Kafka*, d'Enzo Cormann, dans une mise en scène de Philippe Adrien. Alors voyons… Là-dedans seul le nom de Kafka évoque quelque chose dans mes souvenirs d'école : *La Métamorphose*, bien sûr, et le film d'Orson Wells *Le Procès*, avec les horribles tics d'Anthony Perkins et la délicieuse et vénéneuse apparition d'une Romy Schneider en rupture (enfin !) de Sissy...

Je me rends donc à La Cartoucherie, me perds dans le bois de Vincennes. Heureusement, mon boss m'a prévenu : « Ne sois pas en retard et dîne sur place, c'est long. » 3 heures 20, tu parles...

Je prends mes invitations. On me remet aussi un carton bleu, en me prévenant qu'on sera appelés par couleur. Je dîne. Je râle parce que le bleu est appelé en dernier et que c'est bien la peine d'être arrivé tôt pour se retrouver au fond. Finalement, on est placés par côtés de la salle, donc pas si mal. Mais sur un banc : 3 heures 20 là-dessus, mes reins ne vont pas apprécier.

On attend, le brouhaha se calme, sans s'arrêter vraiment. Et, sans qu'on sache comment, la pièce est commencée, le brouhaha du public a laissé la place à celui des comédiens, comme dans une sorte de fondu enchaîné. Et on est plongé dans les Rêves d'un Kafka pas très frais. Les vingt premières minutes sont un supplice : je ne comprends rien, je me demande clairement ce que je fais là. Je regarde l'heure discrètement : horreur, encore trois heures à tenir comme ça ! En plus, ils sont bien capables de ne pas avoir prévu d'entracte...

Et quelques instants plus tard, une sorte de basculement inexplicable se produit. Je ne comprends toujours rien mais je me laisse faire, à contre-cœur encore, certes, mais je me laisse emporter. La mise en scène est une merveille d'invention, tant au niveau du jeu des acteurs, que de la scénographie qui nous englobe, des lumières qui tissent un univers fantasmagorique et du son, prodigieux, où la voix des acteurs, en direct, est souvent précédée de son propre pré-écho.

Les fameuses trois heures vont passer beaucoup plus vite que les vingt premières minutes. S'il m'arrive ensuite de regarder ma montre, c'est de crainte que ça ne finisse trop tôt. Car je ne veux plus sortir du cerveau de ce malade, vu par ce grand dramaturge (je vais le découvrir enfin) qu'est Enzo Cormann et de ce magicien merveilleux qu'est l'immense metteur en scène Philippe Adrien.

Malheureusement, ça se termine, il faut rentrer mais surtout tenter de faire durer la magie. Et elle va durer. Aujourd'hui encore, certaines images de ce spectacle inouï restent fraîches dans mon esprit, comme celles d'autres spectacles du même duo, notamment le *Sade, concert d'enfers* magistralement campé par Niels Arestrup ou encore le *Grand-peur et Misère du IIIe Reich* de Bertold Brecht cette fois bien sûr, vus par la suite, dans la même salle et toujours mis en scène par Philippe Adrien.

Le lendemain, Lew m'interpelle : « Alors, la pièce ? ». Il a l'œil amusé, la lippe gourmande. Je réponds, j'explique les vingt premières minutes, le basculement brusque et inexplicable, l'émerveillement... Il se lèche les babines, ravi de m'avoir un peu déniaisé sur le sujet. J'ajoute, bêtement : « Je ne suis pas sûr d'avoir tout compris mais... ». Il s'énerve :

— Mais on s'en fout ! Tu as aimé, ou non ?

— Oui, beaucoup mais…

— Alors quel besoin tu as de comprendre ? (Il prononce ça du bout des lèvres, un peu dégoûté, comme un mot grossier) C'est de l'art, tu as le droit de simplement aimer !

Simplement aimer…

Là, si on avait été dans un dessin animé, on aurait entendu le bruit de la pile de vaisselle qui dégringole. Les vieilles certitudes, le côté cartésien, le besoin de tout gérer, l'horreur du lâcher-prise, tout ça s'est écroulé dans la seconde. Mais des murs aussi, que dis-je ?, des murailles ! Et un horizon de liberté qui s'offrait à moi :

l'autorisation, oui je tiens à ce mot : l'autorisation d'aimer sans tout comprendre. Et la phrase de Benoit Ruelle qui revenait, nous enjoignant d'y être, d'en être, cette phrase qui complétait cette révélation...

Déniaisé ce jour-là grâce à Lew, j'ai pu enfin ensuite goûter à d'autres expériences, d'autres tentatives, d'autres merveilles. Je ne l'en remercierai jamais assez. D'autant que, quelques jours plus tard, il y a l'émission, avec Philippe Adrien et l'ingénieur du son, ce génie auquel j'essaye d'extirper ses secrets de fabrication. Et surtout, avec l'humilité nécessaire à l'interview mais sans complexe, juste occupé à faire passer aux auditeurs l'émotion de ce chef d'œuvre. Je n'ai pas gardé de traces de cette émission mais j'ai l'outrecuidance de penser que, dans le tombereau de loupés que furent mes tâtonnements de débutant, celle-ci fut plutôt réussie, vivante, parce que passionnée, émerveillée.

TSF, ce n'est certes pas beaucoup d'auditeurs, mais c'est beaucoup d'audace, d'inventivité, de créativité. Au début, aucun d'entre nous n'est fichu de cadrer une intro mais on est au taquet quand il faut aller sur le terrain, faire vivre le 93. À l'époque, pour sortir une radio et être en direct en extérieur, il n'y a que deux solutions. La première, c'est la ligne spécialisée, montée à la demande par France Telecom, qui coûte un bras. Solution à réserver aux grands évènements spéciaux, comme la Fête de l'Huma, par exemple. La seconde, c'est le reportophone. Il faut imaginer une sorte de vieux téléphone (filaire, évidemment), à cadran, avec des prises pour micro, casque et même entrée ligne pour y brancher une console de mixage complète. Avec un casque FM pour retour, on peut tout faire à distance, y compris dialoguer avec le réalisateur pendant les disques. J'userai et j'abuserai de l'engin pour faire mon émission en direct du théâtre Gérard Philippe de Saint-Denis, du Centre Houdremont de la Courneuve, d'un lycée de Bobigny, d'une bibliothèque de Pantin, d'un HLM de La Courneuve, encore, etc. Avec cet attirail bizarre, je serai en direct à midi devant la première barre HLM implosée en France, à La Courneuve, avec sans doute le plus long silence de ma carrière, bouche bée devant le spectacle, le tremblement du sol… Je serai aussi un soir au Palais des Sport de l'île des Vannes à Saint-Ouen, cet immeuble étrange qui s'élève au milieu de la Seine. Ce jour-là, les Restos du Cœur, nouvellement créés avec la complicité active de la grande radio qu'était encore Europe 1, ont organisé le Tournoi du Cœur. Tout au long de la soirée, les stars du show-biz vont défiler pour participer à de courts matchs de foot devant un public ravi qui paye sa place, au profit de l'association. J'ai dealé une prise téléphone, je serai là dès le milieu de l'après-midi, devant l'entrée des artistes avec mon reportophone et mon retour FM sur les oreilles. En studio, le réalisateur me laisse en « pré-écoute », ce qui me permet de demander l'antenne dès qu'une vedette pointe son nez. Quelques mots avec Cabrel, Goldman et tous les autres, incitation des auditeurs à venir participer à la fête qui va durer jusqu'au milieu de la soirée, pour aider les plus démunis. Trois ou quatre minutes d'intervention chaque fois, pas plus.

La soirée avance, les interventions se répètent, jamais autant de stars n'ont parlé devant le micro de TSF, c'est ma première expérience de « média-coucou ». Ou quand le média profite d'un évènement extérieur pour se faire mousser, remplir son programme… Et puis là, je suis à l'antenne quelques minutes, avec Cabrel, si ma mémoire est bonne, et j'arrive à mon « À vous Cognacq-Jay ! » (Oui, Bobigny plutôt, bon ça fait moins rêver, c'est vrai…) … suivi d'un joli blanc. OK, me dis-je, Philippe (le réalisateur) et William Pinville sont en train de se taper la discute et ils ne m'ont pas entendu conclure. Je les relance sur l'air de « C'est bon, les potos, j'ai fini, à tout à l'heure ! ». Toujours rien… J'hésite, sont partis boire un coup hors du studio, les gars ? Abusé, quand même. J'opte pour une explication plus logique : une sorte de bizutage. On connaît le Jounin, il aime bouffer du micro, on va le laisser se dépatouiller, pour rigoler. Je prends les auditeurs à témoin, je leur fais part de ma supposition et je joue le jeu. Nouvelle présentation de la soirée, mise en situation sur l'air de « Si vous venez juste de nous rejoindre à l'antenne, venez nous rejoindre à Saint-Ouen ! ». L'un des immenses avantages de la radio locale.

En gros.

« Je peux durer comme ça toute la soirée, les copains, donc vous m'interrompez quand vous en avez marre, hein !? » Toujours rien dans le casque, aucun autre retour sur la FM que ma propre voix, je suis seul, en direct, loin du studio. J'enchaîne, je saute sur les nouveaux arrivants, plus ou moins connus, je fais intervenir des bénévoles, j'improvise, je bouffe du micro, je suis content.

Ça dure quoi ? Une douzaine de minutes peut-être, totalement improvisées, sans savoir quand on va me relayer. Et soudain la voix de William : « C'est bon,

Remy, merci, on est là. À plus tard ! ». J'ai dû ajouter une sorte de « Ah bah quand même. » Hors-antenne, dans l'autre casque, celui qui est relié au studio, Philippe m'explique que la radio a été la victime d'une alerte à la bombe. La police a fait sortir tout le monde en urgence pendant que j'étais en direct.

« On s'est dit que tu tiendrais bien le temps nécessaire ! » Aujourd'hui, je regrette bien de ne pas avoir récupéré ce moment sur le simultané d'antenne !

7

Les gens bien, et les autres

Flash-back...

Nous sommes au tout début des années 1980.

Devant la salle d'attente de cet étage de la Maison de la Radio, de merveilleux *happy few* des médias passent sans me voir, affairés, parlant haut et fort, importants.

Depuis deux heures, j'attends. Non que je sois arrivé deux heures en avance, non. Mais on a plus important à faire que de me recevoir à l'heure. Au fond qui suis-je ? Un énième inconnu qui a fabriqué une petite maquette à domicile sur son magnéto-cassette et qui rêve de faire de la radio. Envoyée avec un CV vide ou presque (normal, je viens de finir mes études) à toutes les radios de France. Ça ne m'a pas ruiné en frais postaux, elles ne sont que quatre, à l'époque, ou presque. Quelques semaines plus tard, la secrétaire d'une "collaboratrice du directeur des programmes" m'a proposé un rendez-vous. J'ai quitté ma banlieue, fourgué mon gamin de six mois qui n'a pas de place en crèche et dont je m'occupe puisque je suis chômeur, pris le métro jusqu'à Ranelagh et marché dans le froid jusqu'à l'imposante bâtisse qui représente tant de fantasmes.

Et j'attends.

Au bout d'un peu plus de deux heures, on vient me chercher. Madame F. va me recevoir, mais elle n'a pas beaucoup de temps, parce qu'elle est déjà très en retard. Oui, merci, je sais. Mais dois-je le lui répondre ? Jeune et inexpérimenté, certes… Mais je crois déjà savoir que ce serait mal venu. Je m'écrase.

Mme F. m'accueille. Glaciale, moue méprisante. Genre « Alors, vous voulez faire de la radio ? ». Ben oui. Elle me pose deux ou trois questions sur ce que j'aimerais faire. Je n'ai jamais le loisir de beaucoup détailler, elle me coupe à chaque fois et me fait part d'une vérité qui vous a sûrement échappé comme à moi alors : ça a déjà été fait.

Oui madame. Même en 1969, quand Philippe Bouvard a lancé *Les Grosses Têtes*, ça avait déjà été fait. Ça s'était appelé *Les Incollables*, paraît-il. Passons, je m'écrase encore. Que faire d'autre ?

Bref, je vous la fais courte. En vingt minutes, la charmante Mme F. a le temps de comprendre que je n'ai pas une idée nouvelle et, de surcroît… que je n'ai jamais rien fait. Bien vu, là encore, finement observé : j'ai le culot d'être un débutant (enfin, un « éventuel » débutant) … qui, de plus, n'a effectivement jamais rien fait ! Quel cuistre !

L'entretien se termine et je me retrouve dans le couloir, sans avoir bien compris pourquoi on m'avait convoqué. À part, peut-être, pour me laisser entendre que je ne ferais jamais de radio… À Europe 1, par exemple, ils avaient été bien plus courtois : ils avaient eu, eux au moins, la gentillesse de ne pas répondre à mon envoi !

Je passe sur la déception, la colère du moment. Deux ou trois jours après, n'y tenant plus, je fais un courrier au directeur des programmes de France Inter, celui à qui j'avais envoyé ma maquette, sans doute si inaudible. Je lui raconte l'entretien et, ne mettant jamais en doute qu'on n'ait aucun besoin de moi sur son antenne, je m'étonne de l'attitude de la personne qui me fait perdre une demi-journée en transports et attente pour s'essuyer les pieds sur la figure d'un parfait inconnu. Je lui demande, dans des termes très courtois, quelle a été la motivation de ce rendez-vous et si c'est là une habitude dans les bureaux du service public. Je me souviens avoir conclu en disant que rien là-dedans n'était très grave. Mais qu'il me semblait que, si ce n'était pas vraiment grave, ce n'était simplement « pas bien ».

Quelques jours plus tard, j'ai trouvé dans ma boîte aux lettres une missive à en-tête de France Inter. Le directeur des programmes en question, ce grand homme, me répondait, figurez-vous. Ça aurait pu être pour me proposer un nouveau rendez-vous, avec quelqu'un d'autre. Voire avec lui. Non finalement, c'était pour se foutre de ma gueule. Si, si. Avec talent, même…

Avec une ironie cinglante, ce héros de la radio d'État me « remerciait de ma missive de dénonciation », de lui « ouvrir les yeux sur les agissements honteux de sa collaboratrice », etc. Une belle lettre, bien écrite, pour laquelle il avait pris le temps d'utiliser tout son bel esprit bien affuté. Si seulement il avait pu utiliser ce temps pour recevoir lui-même l'un des nombreux petits jeunes qui cherchaient du boulot…

J'ai été un peu sidéré de cette réponse, autant le dire. J'ai longtemps gardé cette lettre avec l'envie de la lui faire relire vingt ou trente ans plus tard, à ce grand con prétentieux, quand il est devenu directeur des programmes d'Europe 1, par exemple. Ça m'a passé : je ne sais même pas ce qu'elle est devenue. J'ai dû la jeter : inutile de se fabriquer soi-même un ulcère.

À quelque temps de là, nouveau coup de fil. La secrétaire d'Henri Agogué, à RTL, me fixait un rendez-vous avec son patron qui lui aussi avait reçu ma petite cassette faite à la maison. Pas toujours commode, m'a-t-on dit après, Henri. Il m'a reçu, m'a écouté et m'a fait faire une maquette quelques jours plus tard, à 9 h du matin, dans le studio que Maurice Favières venait juste de quitter, avec son équipe et son conducteur du jour. Une expérience inoubliable. Le réalisateur, gentil, accueillant, me dit « Tu fais ton speak d'intro et tu lances le Sardou, je m'occupe du reste. ». Un peu (!) impressionné, je fais mon speak et le mec balance le disque sans prévenir. Du coup, je resserre mon speak et je trouve ma chute… en cadrant pile l'intro ! Oui, parfaitement, j'ai cadré ma première intro !

Hein ? C'est lui qui l'a cadrée ? Bon, on ne va pas chipoter pour des détails. Si vous voulez. Encore merci, Jean-Claude[1] pour le cours de radio !

Henri Agogué me convoque quelques jours après. Il avait écouté. Son verdict : « Vous n'avez pas

1. Jean-Claude Bouvet, que je n'ai jamais recroisé car il était parti en retraite quand je suis revenu pour de bon mais dont je n'ai jamais oublié la tranquille bienveillance, qui était d'ailleurs la marque de fabrique des grands réalisateurs de cette génération.

d'expérience. Allez apprendre votre métier sur la FM et on se reverra plus tard. ». On se doute que c'est surtout la fin de la phrase que j'ai aimée !

J'y suis allé.

Il m'a fallu seize ans pour revenir mais je suis revenu, même s'il était lui aussi parti en retraite entre temps. À RTL, durant toutes ces années, personne, jamais, n'a considéré l'absence d'expérience comme une tare. Cet accueil d'Henri Agogué a représenté une sorte de sauf-conduit pour entrer dans le métier, même si c'était par la petite porte, comme une autorisation à postuler encore et toujours à toutes les antennes de France, une promesse d'avenir, fait des précieux moments passés dans le bureau de Jean-Pierre L'Hénan, impressionnant et séduisant secrétaire général de RTL qui m'avait repéré et m'accueillait dans son bureau pour des cours particuliers ; ou dans celui, qui faisait aussi studio, de Gaya Bécaud avec qui j'ai passé les séances d'enregistrement les plus drôles de ma vie quand il me répétait, en me faisant faire les promos de l'antenne, qu'« ils allaient s'habituer à [m]'entendre » ; puis aux instants de complicité avec le toujours très élégant Alain Tibolla qui m'a jugé prêt et m'a balancé, mort de trouille, sur le *Stop ou Encore*, sous l'œil chaleureux de Claude Hemmer…

Deux approches du métier, deux façons de faire avancer le schmilblick. Vous allez rire : j'ai préféré la seconde.

Ah et puis tiens, pour finir en beauté, une dernière anecdote…

Vers 1984, alors tenancier du 9/12 de TSF 93, j'appelle Philippe Labro pour lui proposer de venir en interview en direct dans mon émission. À l'époque, Philippe est un réalisateur de cinéma fameux, il a présenté le 13 h d'Antenne 2 avec une décontraction et une élégance très... américaines ! Il est aussi critique de cinéma à RTL. Et un romancier que j'apprécie beaucoup.[1] C'est là et pour cela que je l'appelle. Je tombe sur son répondeur et lui laisse un message. Sans grand espoir. Une heure après, alors que l'équipe de la radio est en réunion, la standardiste, sidérée, nous interrompt : « Remy, Philippe Labro, pour toi... ». Stupeur dans notre sous-sol de Bobigny... Je file au téléphone, remercie Philippe de me rappeler. J'ai toujours sa réponse dans l'oreille : « Remy, je mets toujours un point d'honneur à rappeler les jeunes confrères qui me laissent un message... ». Confrère ? Vous avez dit « confrère », Philippe ? Grenouille, bœuf, tout ça... Tant pis, je profite.

Philippe accepte l'invitation pour dans quelques semaines. Il a été beaucoup en « service après-vente » ces derniers temps et ne veut pas lasser. Malin. Quelque temps plus tard, donc, il vient, impressionnant, un peu froid. Première intervention, polie (de sa part), terrorisée (de la mienne, même si j'essaye de ne pas le montrer) et j'envoie le premier disque (je suis sûr que j'ai parlé d'une « pause musicale », terme que je déteste désormais). C'est « Oh Ma Jolie Sarah »...

Labro sourit, prend mon conducteur. Surprise : je n'ai programmé que des Hallyday, des chansons dont il est l'auteur. C'est mon pote Patrick Winzelle, spécialiste de la chanson française à TSF, qui m'y a fait penser une heure avant l'émission, m'apprenant d'ailleurs cette

1. Que celui qui m'a piqué mon exemplaire dédicacé de *Des bateaux dans la nuit* sache qu'il grillera en enfer jusqu'à la consommation des siècles.

autre casquette de mon invité. Labro se déride et me fait une émission géniale. Cadeau !

Détail qui a son importance : dans l'un de ses bouquins autobiographiques où il raconte sa jeunesse, Philippe Labro explique comment Pierre Lazareff, la légende du journalisme[1], lui a fait faire antichambre devant son bureau une journée entière... Oui, une journée. Ah, on est loin des deux heures de Mme F., petite joueuse de France Inter. Une journée entière où le jeune Philippe Labro, qui n'avait encore rien fait (air connu !), a attendu le bon vouloir du prince. Il raconte avoir décidé ce jour-là que, s'il faisait carrière, ce dont il ne doutait pas, lui-même ne ferait jamais cela et qu'il aurait du respect pour les débutants. Promesse dont je puis témoigner qu'il l'a tenue.

Je me rappelle que ma dernière question avait tourné autour de son avenir. Je lui avais fait remarquer qu'il ne lui restait plus qu'à diriger une grande radio. Si ça se trouve, il me doit la suite de sa carrière ! Si ça se trouve...

C'est le même, bien sûr, qui est devenu le PDG respecté de RTL et je me souviens d'une stagiaire morte de trouille qui a vérifié un petit matin au téléphone qu'un Labro-PDG fou de rage était capable de prendre sur lui quand l'équipe de service un peu trouillarde (pardon, les copains, mais l'histoire est véridique !) la lui a balancée dans les pattes. John-John Kennedy venait de se crasher aux commandes de son avion perso (après avoir décollé avec une jambe dans le plâtre, c'est pas malin-malin, ça

1. Créateur de France-Soir (mais fossoyeur de Paris-Soir sur une *fake news*) et de Elle (pour se débarrasser d'une épouse casse-pieds). Sur le personnage, lire le passionnant *Pierre Lazareff ou le Vagabond de l'actualité* de Yves Courrière – Gallimard 1995.

John-John…) et, de la crique de Crète où le voilier sur lequel il passait ses vacances avait jeté l'ancre, Philippe Labro, grand spécialiste des USA et des Kennedy, avait appelé le « bocal »[1] pour faire un papier dans la matinale. Mais, à 5 h du matin, au mois d'août, disons que la rédaction manquait de réactivité et Labro bouillait, craignant de perdre le réseau. Quand la stagiaire, tétanisée, l'a pris en ligne, il s'est volontairement calmé, avec ce respect des jeunes confrères qui ne l'avait pas quitté.

Ah tiens, une petite dernière avec Labro…

J'ai dit que, durant deux saisons, j'ai fait la voix d'habillage de RTL lors de mémorables sessions hilarantes avec Gaya Bécaud (aussi mauvais caractère que moi, on s'était bien trouvés !). J'avais notamment enregistré le lancement du 18 h, le grand journal du soir. Tout ça se passait alors que je faisais l'animateur sur Chérie.

Un dimanche vers 13 h, à la maison, on se colle devant TV+, sur Canal+, qui présentait un long numéro spécial sur RTL dont je voulais montrer l'ambiance à ma petite famille. Et voilà que, lors d'une de ces conférences de rédaction auxquelles je n'ai évidemment jamais assisté, j'entends Labro se tourner vers Gaya et lui dire : « La grosse voix, là, pour le lancement du 18 h, ça va pas du tout, faut m'enlever ça, hein ! ».

Oui, oui : c'était bien moi la grosse voix.

1. Centre névralgique de la rédaction d'où tout peut se décider à tout moment.

7bis

Ma Carrière à Radio France (ne mérite pas un chapitre entier)

J'ai dit plus haut que mes rapports avec Radio France avaient mal débuté, suite au rendez-vous agressif de la seconde du Grand Professionnel de la Profession qui dirigeait alors France Inter.

Quelques années plus tard, alors que je suis sur TSF, j'entends parler d'un créneau pour lequel tous mes camarades ont postulé et que beaucoup ont animé : le *Banc d'Essai de la Nuit* de France Inter (émission qui s'est appelée aussi *Les Bleus de la Nuit*).

Plantons le décor. À cette époque, France Inter a deux grilles, comme la plupart des radios : celle de la semaine et celle du week-end. Comme c'est sans doute un énarque qui a pensé tout ça, la grille de la semaine commence à 5 h du matin (et se termine donc à 4 h 59 chaque matin suivant), mais celle du week-end ne démarre qu'à 5 h 30.

Oui, le lecteur aura tout de suite remarqué le léger problème qui avait échappé à l'énarque : il y a un trou chaque semaine, le samedi matin entre 5 h et 5 h 30. Et comme il serait inenvisageable, sans doute pour les raisons syndicales qu'on imagine volontiers, de rallonger de trente minutes la dernière émission de la nuit du vendredi, il faut trouver une solution. Une solution qui, de surcroît, ne plombe pas la masse salariale !

Et c'est là qu'un producteur malin a eu l'idée d'inventer *Le Banc d'Essai de la Nuit*. On va faire l'honneur à des petits jeunes qui viennent de radios locales de se voir confier une demi-heure d'antenne sur France Inter avec le format maison : lancement (écrit, forcément), disque, reportage, chronique, disque, deuxième reportage, billet final. Un gros boulot de préparation pour trente minutes de direct sur France Inter… le samedi à 5 h du matin.

Comme les copains, je décroche mon créneau et on me prête un Nagra pour faire mes interviews[1]. Prudent, je choisis d'interviewer deux écrivaines que j'ai déjà reçues sur TSF, avec qui le contact a été agréable et qui ne seront que trop ravies de passer sur Inter. En même temps, c'est de ma part une façon de les remercier d'avoir fait l'effort de venir jusqu'à Bobigny une première fois. Je passe sur les heures pour comprendre comment marche ce truc, avec ses sécurités qui sont autant de pièges (car oui, il y a une position où la bande défile devant la tête d'enregistrement, où les vumètres

1. Nagra : magnétophone professionnel de reportage à bande magnétique. Censé être portable mais tellement lourd qu'il a estropié à vie des générations de jeunes journalistes. Désormais, le son est meilleur en mp3 sur un portable. *Times are changing*…

gigotent, mais où ça n'enregistre rien. Faut bien rigoler un peu !).

De retour à TSF, puisque c'est là que je gagne ma vie, n'oublions pas, je prends sur mon temps libre pour monter mes sons avant de retourner deux jours plus tard à la Maison de la Radio. Je rends le Nagra et je tends mon bobino au producteur qui blêmit… « Ah… Tu as fait le montage… » Ben ouais, m'sieur, c'est mon boulot, non ?

Non. En fait, non. Du moins pas à France Inter. Il décroche son téléphone et, d'une voix de miel, demande à une personne de venir. Arrive une mémère revêche auprès de laquelle il se confond en excuses de ne pas m'avoir prévenu et il finit par lui avouer, penaud… que j'ai fait mon montage moi-même. Elle me regarde comme un hérisson écrasé au milieu d'une route de campagne, prend mon bob entre deux doigts comme s'il allait lui refiler une maladie, forcément honteuse, et déclare : « De toute façon, ce n'est pas la bonne couleur de collants ! »[1]. Et elle embarque mon montage pour lui redonner une apparence de service public… pardon : de Service Public !

Avec des collants bleus au lieu de blancs (à moins que ce ne soit l'inverse) et avec la bonne couleur d'amorce, mon bob est enfin diffusable et me voici dans le studio de France Inter, seul, très seul, loin derrière la double vitre, dont l'une est en biais, ce qui engendre des reflets à cause desquels on aperçoit à peine les gens en régie.

1. Collants : petits bouts de scotch spécialement conçus pour la bande magnétique et l'amorce. Inutile de donner la moindre précision quant à l'influence de la couleur du collant sur la qualité du son, n'est-ce pas ?

Je vais intervenir quoi ? Quatre fois ? Cinq ? Grand max. Lancement, premier sujet, disque, désannonce… Je fais machinalement signe au réalisateur pour l'ouverture du micro pour la désannonce. D'un air docte, il me fait signe d'attendre. Eh, il est réalisateur à France Inter, quand même ! Soit, j'attends. Mais je le connais, moi, le *shunt* du titre de Lavilliers : ça dégringole vite. Ça ne loupe pas : le réal est pris de vitesse et, le temps qu'il fasse un geste auguste vers le technicien de console en articulant pour que je le voie de l'autre côté « Micro », on a un beau blanc à l'antenne. Chez nous, les jeunes, on appelle ça « écouter l'étiquette ». Pas grave, hein, c'est le touriste du banc d'essai qui passe pour un amateur !

J'avais choisi une thématique porteuse pour ma demi-heure : les femmes. Mes deux auteures racontant des histoires de femmes, deux petites chroniques dont une ironique sur les suiveurs des rues qui, à la question « Que repérez-vous en premier chez une femme ? », répondront toujours « Ses yeux. » alors qu'on a vu leur regard balancer au rythme des hanches… Longtemps avant #MeeToo, j'ai fait le pari que ma grosse voix rassurante ferait bon ménage avec un thème de ce genre… Vers 5 h 20, comme on enchaîne beaucoup et que je m'ennuie un peu dans mon studio, je suis en régie quand la co-animatrice du morning du week-end entre, les yeux encore gonflés de sommeil : « Il est où, le mec qui parle comme ça des gonzesses ? ». Classe ? Sans plus, mais vachement sympa.

Avec Radio France, on a un peu flirté mais on est toujours restés très chastes… Quelques années plus tard, viré d'Europe 2, je serai contacté par deux chefs charmants qui doivent lancer France Bleu, réseau alors en vrac. Je suis censé animer le 9/11 et apporter l'expertise d'un animateur de flux sur la programmation musicale. Je donnerai un avis (un seul) et je ferai une heure de test (heure durant laquelle je placerai une citation de Coluche pour vérifier la longueur de la laisse). Coup de fil navré de l'un des deux boss le soir-même : « Remy, je crois que ça ne va pas le faire. ».

Ce sera, avec quelques visites de courtoisie dans le bureau de Frédéric Schlesinger qui prendra en compte mes remarques sur le réseau France Bleu sans m'y trouver un petit job, l'essentiel de ma collaboration à Radio France.

Ah non, j'oubliais cette dernière tentative bien plus tard, au milieu des années 2010 où, après plusieurs missions de formation au sein du service public de la République des Comores, je suis rentré avec un joli sujet de documentaire pour France Culture. Après de multiples mails restés sans réponse à diverses cheffes de service, un copain *inside man* me branche sur des producteurs que je contacte directement. Un réalisateur emblématique (mais pas mon préféré) de Culture m'appelle pour que je lui précise mon projet. Il m'écoute et me pose cette question, tellement Radio France ancienne (et mauvaise) manière : « Vous avez déjà fait de la radio, Remy ? ».

À peine, mon gars, ne lui réponds-je pas, trente ans tout juste, à l'époque. Quinze de plus que lui, au bas mot.

Ça ne s'invente pas, si ?

8

De la radio ici et là

J'avance, en vrac, et je constate que la chronologie est un peu mise à mal. Reprenons, donc.

Viré de TSF en 1985, j'ai passé une semaine sur le 1 h-3 h du matin d'Europe 1 en début d'été puis une autre un peu plus tard. À part ça, je cherche du taf et je rencontre du monde.

Au pied de la Tour Montparnasse, il y a *La* FM qui me fait vraiment rêver : j'aime tout dans cette radio, la prog, le son, le style des animateurs. J'y vais et j'y retrouve celui que j'ai surnommé depuis « le mec du monde qui m'a le moins embauché » : Alexandre Marcellin. Car, après avoir dirigé Radio Capitale (où il ne m'a pas embauché), c'est lui qui est à la tête de 95.2, où il ne m'embauchera pas non plus.

95.2, rappelez-vous, elle fait partie de ces « grosses » FM parisiennes prétendument menacées de saisie en 1984, ce qui n'avait pas empêché son DG de l'époque, Robert Namias, de continuer tranquillement son week-end, sans doute sûr de ses appuis politiques. Finalement, Yann Arribar, qui remplace Alexandre à la tête de l'antenne, acceptera de me faire faire un test de nuit en direct. 95.2, à l'époque, c'est une annexe d'Europe 1 qui la soutient presque ouvertement. J'y croise Michel Lancelot (qui mourra de façon stupide sur les gradins d'un stade de foot) et des débutants comme Pascale Clark avec qui je travaillerai à Europe 2, Nagui et Laurent Boyer, entre autres.

Ma première nuit sur 95.2 est un émerveillement : des mois que je rêve d'être sur cette radio et j'y suis, totalement seul aux commandes. Il y a la console Pacific qui nous fait tous rêver et un micro Neumann qui met joliment ma voix en valeur. J'écoute fort dans le casque : je ne boude pas mon plaisir.

À plusieurs reprises durant ma nuit, le téléphone va sonner sans que je sois foutu de comprendre comment on prend la ligne. Je me souviens d'avoir fait un speak qui exprimait mon bonheur d'être sur cette antenne et j'ai aussi précisé en substance que, ça y était, je savais tout faire ici, excepté répondre au téléphone ! Le correspondant n'a pas dû entendre ce speak parce qu'il a rappelé un bon nombre de fois…

Les locaux de 95.2, au premier étage du centre commercial de la Tour Montparnasse, ressemblaient étrangement à ceux de TSF à Bobigny : même couloir avec bureaux d'un côté et technique de l'autre, du moins dans mes souvenirs, le studio se trouvant loin de l'entrée. À l'époque, on diffusait encore la musique sur des disques (45 tours pour la plupart) et l'habillage en cartouche. À gauche de la console, il y avait un mur de cartouches, encastré dans le revêtement anti-bruit. Et un autre élément que je n'avais pas vu.

Vers 4 h 30 du matin, alors que j'attaquais ma dernière demi-heure, j'ai failli avoir une crise cardiaque (heureusement, le cœur était déjà solide) quand... le mur de cartouches a bougé ! Oui, le détail qui m'avait échappé, au milieu de ce mur, c'était la barre antipanique, encastrée dans le panneau d'insonorisation. Il y avait là une sortie de secours qui servait de porte d'entrée pour les gens du week-end ! Et Éric Lacoeuille, qui allait animer le 6 h / 10 h du week-end, arrivait comme une fleur alors que j'hésitais à tomber dans les pommes !

Et puisqu'on parle des débutants qui bossaient là, arrêtons-nous un instant sur un phénomène. Il y avait ce mec, là, drôle, vif, très sympa, très séduisant. Moi, jusque-là, je trouvais que comme DJ, je touchais un peu, quoi. J'étais capable de me mettre à la console de n'importe quelle FM et d'enchaîner proprement, avec du rythme, de la présence, de la répartie. Je ne me prenais pas pour le roi du monde mais bon, c'était déjà pas mal. Et puis je l'ai vu bosser, lui, le petit jeune avec son pseudo improbable dans une France encore (ou déjà, comme on veut) bien raciste. Nagui, à la console, c'était un spectacle magnifique. Aussi doué que Yann Hégann mais d'une manière presque opposée. Autant Yann était méticuleux, technicien, professionnel, autant Nagui se donnait l'air d'un dilettante, survolant tout avec aisance, mais sa technique était aussi irréprochable et ses enchaînements au cordeau !

Cet été (1986, si ma mémoire est bonne) aurait dû être un été inquiétant. Deux enfants, un loyer, pas de boulot fixe. Ce fut excitant : la possibilité de tout essayer, un peu de métier confirmé par mes pairs, les grilles improbables, les contacts faciles, beaucoup de portes entrebâillées, l'impression que tout peut arriver…

Ainsi un certain week-end où, ayant dit oui à tous les essais, j'ai alterné durant les deux jours les périodes de 4 heures : 4 heures d'antenne sur 95.2, 4 heures de repos, 4 heures sur Europe 1, 4 heures de repos, 4 heures sur 103.5 (future Chérie FM), 4 heures de repos, et même joueur joue encore… Puis une semaine de sieste, évidemment, parce que dans mes 4 heures de coupures, il y avait le temps nécessaire pour rentrer jusque dans ma banlieue Nord et revenir…

Je suis allé aussi rue Magellan, où RMC avait encore ses studios parisiens. Ça devait être plus tôt ça, quand j'étais encore à TSF, où je piaffais mais n'étais pas si malheureux. Il y a un concours d'animateurs. Idée bizarre, à mon sens aujourd'hui encore, qui tend à prouver que le directeur des programmes n'est pas vraiment sûr de lui… Bref, j'attends dans le hall. Une dame, genre gardienne de l'immeuble, me demande si je viens pour le concours puis, devant ma réponse positive, elle me dit : « Vous en avez vraiment besoin ? Faut pas venir ici, monsieur, ils ne sont pas gentils. ». Vous savez quoi ? Je me souviens très bien de la dame mais je n'ai aucun souvenir de la suite. Resté ? Parti ? Ai-je été reçu par quelqu'un ? Sans doute, mais par qui ? Blocage total… Sans suite, quoi qu'il en soit.

Mon week-end de tests a porté ses fruits : je suis accepté à RFM et à 103.5. Je choisis RFM, la fameuse radio au son californien, où j'anime trois nuits, malgré le stress que me déclenche le système de titres sur bandes magnétiques, en espérant que ça passera. Puis le directeur des programmes (look de cow-boy, stetson et lavallière, qui m'évoque plus la Vallée des Peaux-Rouges, ce vieux parc d'attraction de l'Oise, que le sud du Colorado, passant son temps à arranger ses bouclettes) me somme de choisir entre RFM et Europe 1. Inenvisageable de faire les deux, pour lui. Sans hésitation, je démissionne et me tourne vers 103.5, moins prestigieuse, où on m'embauche pour une quotidienne de quatre heures (l'antenne est animée par trois personnes de 7 h à 19 h), surtout sans m'imposer d'exclusivité. Le studio est bricolé au rez-de-chaussée de l'immeuble de l'avenue d'Iéna où est NRJ depuis qu'elle a quitté son siège historique du métro Télégraphe, avec du matos déclassé de la maison-mère. Le matin, je monte à NRJ piquer un bout du *Parisien* à Dominique *The Voice* Duforest, alors *morning man*, pour donner la météo et l'horoscope à mes auditeurs.

La semaine avenue d'Iéna, les nuits du week-end rue François 1er...

Et puis, comme c'est frustrant de travailler dans une radio quand il n'y a personne, je passe à Europe de temps à autres en semaine aux heures ouvrables, en quittant la future Chérie. Je croise Michel Brillié qui me donne avec sa gentillesse et son humour très personnels les meilleurs conseils reçus de toute ma vie professionnelle, et j'entends finalement parler d'un projet de radio Gold interne. D'ailleurs, Michel, qui m'a tuyauté sur 103.5, me pose beaucoup de questions sur ce que nous y faisons. Je ne comprends pas tout de suite que je suis une *taupe*, une vraie, celle qui ne le sait même pas ![1] Mais quand je comprends, je retourne le truc et je lui dis que je voudrais faire partie du nouveau projet interne.

À cette époque, Europe a beaucoup tergiversé sur le sujet de la FM. Après avoir méprisé le mouvement des radios libres, elle a tenté d'y revenir via CFM (en interne) ou 95.2, en externe. Elle se prépare à lancer un programme d'envergure (nom de code : Europe 2). Toujours subtil, Franck Ténot racontera par la suite que les représentants du syndicat de la PQR[2], dont les adhérents possédaient pas mal de radios locales, étaient venus le trouver pour demander à Europe de créer un programme musical dans lequel ils pourraient insérer simplement leurs infos (et leur pub !). Claude Wargnier (historique directeur technique de la maison, mais aussi toujours proche de l'oreille des bons tauliers qui lui accordaient la confiance et le crédit que cet immense pro d'une infinie gentillesse méritait amplement) me racontera par la suite une version bien plus terre à terre…

Toujours est-il que ce projet est dans les tuyaux et que Michel me présente à Marc Garcia avec qui ils sont en train de peaufiner le programme, avec l'aide d'un consultant américain dont ils auraient pu faire l'économie… Enfermés dans un bureau, Michel et Marc fredonnent les titres pour voir à quel point on pouvait enchaîner Golds (Beatles, Byrds, Spencer Davis Group et autres) et nouveautés (Madonna[3] ou Michael Jackson). Marc me regarde comme un OVNI, lui qui vit la nuit et

1. Ici, pour bien faire, il faudrait un *Smiley*, ce serait plus *Carré*.

2. Presse Quotidienne Régionale : les grands journaux régionaux.

3. Oui, à l'époque, Madonna, c'était une nouveauté, parfaitement.

moi qui me sens déjà *morning man*, et il ne me promet rien. Mais alors vraiment rien du tout !

Dans le même temps, BB, le momentané directeur des programmes de 103.5, convoque l'équipe pour une nouvelle… discutable. En gros, il nous explique qu'il doit rallonger le temps d'animation de l'antenne et passer d'un 7 h-19 h à un 6 h-21 h. Il lui faut donc recruter un animateur supplémentaire mais sa masse salariale n'a pas bougé, et il n'a pas un kopeck supplémentaire. Donc, à partir du mois prochain, nous passerons (je m'en souviens précisément) de 100 francs de l'heure à 70 francs de l'heure. Sans négociation possible. Il en est (sincèrement) désolé mais il n'y peut rien.

Je ne réfléchis même pas et je réponds que, pour ma part, je suis (sincèrement) désolé mais que j'arrêterai donc ma collaboration avec cette radio à la fin du mois. Il me prend à part dans son bureau, les larmes aux yeux, pour me dire que j'étais le seul qu'il espérait voir rester quand même. Je le plante là et je file illico à Europe, bien dopé par cette démission. Comme d'habitude, il faut rappeler aux filles de l'accueil que « Si, si, je travaille bien ici. », même si elles ne me voient jamais, pour pouvoir entrer. Je file au bureau de Garcia qui est en train d'étiqueter des cartouches (qu'est-ce qu'il a pu en fabriquer avant d'avoir les moyens de déléguer ça à une petite main !) et je lui annonce que je suis dispo pour Europe 2 puisque je viens de démissionner de 103.5. Il me regarde, interloqué, et me rappelle qu'il ne m'a jamais rien promis (mais vraiment rien, hein !).

Qu'est-ce qui s'est passé ensuite ? Je ne sais plus bien. J'ai dû lui refaire le même coup qu'à Lew à TSF 93 et l'avoir à l'usure. Je sais simplement qu'à un moment donné, on s'est retrouvés à deux animateurs, huit heures par jour dans un studio : quatre heures d'animation, quatre heures de bandes musicales à réaliser… L'autre ? Ah, c'était pas un gamin ! C'était même un magnifique grand ancien : Bernard Schu… « Le veilleur de nuit et la femme de chambre », comme il nous avait surnommés… Sacré Bernard, souvent immensément créatif dans une fin de carrière compliquée.

Un mois comme ça, à faire du programme uniquement pour le satellite, pour que nos futurs clients découvrent la « fréquence magique » dont Europe 2 n'était toujours que le nom de code.

Puis ce fut l'ouverture de l'antenne officielle sur plusieurs fréquences de province (il faudra attendre dix-huit mois pour être entendus sur Paris, mais Europe avait les moyens de nous tenir à bout de bras : ses économies prévues pour l'achat de TF1, finalement refilée à Bouygues au grand dam de Jean-Luc Lagardère qui en parlerait avec tant d'humour par la suite dans un documentaire). Grand seigneur, Garcia me demande quelle tranche je veux puisque j'étais là le premier. Je réclame le morning, ça le surprend. Pourtant, j'ai le sentiment que c'est là que vont se jouer les choses importantes (bon, on ne peut pas se gourer tout le temps, non plus !). Je récolte le 5/9. Oui, 5 h, ça pique, c'est violent.

Surtout quand on continue le 1 h-5 h du week-end sur Europe 1.

Oui, à l'époque, je passe plus de temps rue François 1er que n'importe où ailleurs. J'ai l'impression que ça y est, c'est parti. J'ai un minuscule bureau à Europe 2 et un placard dans le couloir d'Europe 1. J'utilise les mêmes jingles personnalisés sur les deux radios, l'époque est encore assez libre, je suis le roi du pétrole. Par sécurité, j'ai toujours devant moi un panneau que j'ai imprimé avec « Europe 1 » d'un côté et « Europe 2 » de l'autre. Garer ma voiture (qui restera toujours immatriculée 93) au coin de la rue, regarder l'immeuble endormi qui m'attend avant le lever du soleil, est un bonheur quotidien, comme les engueulades venues de l'autre côté de la cour (« Jounin, baisse la musique ! ») de la part du réalisateur de la matinale de Jean-François Rabilloud…

Jusque-là, dans les dîners en ville, quand on me demandait ce que je faisais dans la vie et que je me disais animateur de radio, j'étais habitué à entendre comme réponse : « Oui mais pour gagner ta vie ? Ah bon, c'est un vrai métier ? ». Avec l'absence de fréquence parisienne, s'est ajoutée la réplique suivante : « Sur ? Europe… 2 ? Ça existe, ça ? Je connais Europe 1… ». Ou comment passer pour un mytho en dix secondes.

Mais peu importe : Europe 1 veut encore de moi. À l'époque, le 5 h-7 h est animé par Jean-Loup Lafont. Celui qui avait enchanté mon adolescence avec *Mozik* est devenu « le coq d'Europe 1 » (oui, je crois sincèrement que Jean-Loup y mettait un double sens), et c'est lui que Michel Brillié (encore lui) me propose de remplacer pendant ses vacances. Je vous parle d'un temps où on « fabriquait » un animateur, en le faisant monter professionnellement et dans les oreilles et habitudes des auditeurs. Oui, mais je suis censé être à la même heure sur Europe… Qu'importe, Michel et Marc se mettent d'accord : on intervertit les animateurs sur

Europe 2. FH me remplacera sur la matinale pour que je sois disponible pour Europe 1. Je me reposerai de 7 à 9 et reprendrai le 9/13 d'E2 ensuite… pour revenir sur Europe 1 à 1 h le vendredi soir…

Un matin, je réussis à placer dans le silence qui coupe le carillon horaire : « Europe 1, Remy Jounin, Petit Matin… À demain ! ». Tandis que résonnent les dernières notes, j'entends la voix du réalisateur dans mon casque « Eh ! Ça rime ! ».

Euh… ben oui, en fait, c'était l'idée...

Et les auditeurs dans tout ça ? Ils suivent ! Ainsi ce vendredi soir, au JP, où je me prépare pour mon marathon de nuit[1] : le téléphone sonne. C'est un auditeur qui veut savoir si je suis là encore ce soir ou si on m'a remplacé pour que je me repose. Ça me sidère d'autant plus que je n'aurais jamais pensé à demander ça. Cette accumulation d'heures d'antenne n'est jamais suffisante, j'en veux encore, toujours plus. Sans me demander si j'ai le temps de me ressourcer, d'ailleurs…

L'été d'avant cette saison de folie, j'ai aussi eu le plaisir de vivre à quatre reprises l'aventure des autocollants Europe 1. Balancé toute une journée dans une ville de province avec deux véhicules et deux techniciens avec des enveloppes, des chèques, des rencontres, des moments chaleureux avec des vrais auditeurs sur le bord de la route.

La radio de mon enfance résumée à deux symboles, deux ambitions : *L'autocollant Europe 1* et *La Valise RTL*. Première case cochée…

---

1. … sur Europe 1, suivez, un peu !

9

Des gens bien, uniquement

Pendant quinze ou seize mois, je continue ce marathon de dingue, passant aussi un peu de temps dans la journée rue François 1er car si je file dès 9 h, c'est-à-dire à la fin de mon morning, je ne croiserai jamais personne. À cette époque, je me sens tiraillé entre les deux antennes. Très fier de fabriquer ce nouveau média qu'est Europe 2, l'envie ne m'est pas passée de réussir à m'intégrer dans la mythique Europe 1. C'est l'occasion de croiser les stars historiques maisons, comme Jean-Claude Brialy qui, saluant avec son élégance coutumière toutes les personnes présentes, m'oblige à bloquer le couloir avec mes valises de jingles pour lui serrer la main. Ou encore Didier Gustin, le plus grand imitateur de France au doux sourire. Il y aura aussi plus tard d'éphémères starlettes comme cet ancien Ministre délégué aux accidents de la vie (titre ronflant, de mémoire) qui anime en fauteuil roulant devant Jean-Claude Laval, transformé en speaker de pubs qui lit ostensiblement le journal dans le studio. C'est le début d'après-midi, l'heure de la sieste pour les auditeurs, des repas dans les restaurants du VIIIe pour nos collègues. Un jour, en plein direct, un bruit d'éclatement réveille tout le monde, et l'animateur d'expliquer froidement que l'un des pneus de son fauteuil vient de rendre l'âme. En quelques minutes, la nouvelle se répand dans les couloirs et, très exceptionnellement, la régie se remplit pour le voir continuer son animation de travers sur une jante.

À cette époque, il y a eu un changement de règne à Europe 1. Jean-Pierre Elkabach a pris la direction, avec sa clique, a flanqué des journalistes partout et j'ai été viré de la maison-mère. Avec une animatrice qui, comme moi, officie sur les deux antennes, nous sommes reçus par un aréopage de quatre personnes, pas moins, réunies courageusement pour nous expliquer qu'on n'a plus besoin de nous sur Europe 1 mais qu'on n'a pas à se plaindre puisqu'on garde notre boulot sur Europe 2. Michel Brillié (qui est en passe d'être débarqué aussi) est là pour me dire qu'il déplore cette décision et que je n'ai « pas démérité ».

Le jour de présentation de la grille de rentrée d'Europe 1, évidemment ni cette animatrice ni moi-même ne sommes présents. Pourtant en tout, il y a quatre virés. Mais les deux autres, eux, n'ont pas été prévenus. Ils sont là, se cherchent en vain sur la grille pour découvrir leur absence. C'est de cette manière que cette radio annoncera à Yann Hegann et Harold Kay qu'ils ont fait leur temps.

Oui, classe, n'est-ce pas ?

Alors que je réapprends la signification du mot week-end, Europe 2 prend de l'ampleur, mais c'est encore une petite équipe, et chacun d'entre nous a une fonction en dehors de celle d'animateur. Ainsi, pour ma part, je suis responsable des relations avec le service technique parce que, eu égard à mon appartenance momentanée à la maison-mère, les techniciens me prennent au sérieux, alors qu'ils avaient auparavant surnommé l'équipe de CFM « les Gremlins ».

À l'étage de la direction, il y a, dans une minuscule antichambre, une machine essentielle à nos débuts : un duplicateur de cassettes. Pour les maquettes de l'antenne à envoyer à nos futurs affiliés, il faut l'utiliser à plusieurs reprises et j'en suis chargé, de même que des commandes de bande magnétique, de cartouches et de cassettes. Ce duplicateur est posé sous la fameuse photo de Brel, Brassens et Ferré devant des micros (de RTL, au demeurant), à côté de l'entrée du bureau d'un directeur dont je ne connais que la moustache, les yeux pétillants et le sourire chaleureux. Je constate que les techniciens, dont il est le chef, s'ils entrent toujours dans son bureau en souriant, en ressortent avec une banane d'enfer. Cet homme, c'est Claude Wargnier : il connaît tout et tout le monde dans la maison. Directeur technique historique de la station, il a eu l'oreille de Jean-Luc Largadère, celle de Franck Ténot mais aussi et surtout celle des créateurs de la marque. Il en est la mémoire. Aujourd'hui encore, ceux qui ont travaillé sous sa direction en parlent avec un respect et une tendresse bien rares.

Plus de trente ans plus tard, Michel Brillié et lui m'appelleront pour participer avec eux à… peu importe, j'aurais dit oui à n'importe quoi pour le plaisir de nos déjeuners à trois, pour la fierté d'entendre Claude m'inclure dans ses « copains ». La modernité de cet homme qui voulait créer encore et toujours : une webradio, cette fois, consacrée à son pote Georges Brassens. Radio Brassens, c'est nous trois.

Europe 2 se développe. Martin Brisac arrive et une nouvelle époque avec lui. Tout va plus vite. Trop vite sans doute, du moins pour lui, qui paiera cher son engagement sans faille pour le groupe. Martin est brillant et (mais ?) gentil ! Chacun a des histoires personnelles à ce sujet. Moi, j'aime me rappeler son humour et sa naïveté paradoxale…

Ainsi, quand le temps me paraissait un peu long ou quand je désirais une augmentation, il suffisait que je vienne faire mon émission avec une cravate pour que l'un comme l'autre des deux patrons (même si Marc a fini par ne plus être dupe) s'imaginent que j'avais un rendez-vous dans une concurrence quelconque. Je pense qu'il était de notoriété publique dans l'équipe que je rêvais d'aller à RTL. Sans doute mon style à l'antenne, un peu « popu » pour une antenne vaguement snob, le démontrait-il.

Ainsi, un jour, Martin m'invita-t-il à déjeuner pour discuter du renouvellement de mon contrat. Nous sommes allés nous installer en terrasse chez Savy, le restaurant de la rue Bayard qui faisait alors face à la façade de Vasarely et qui servait plus de cantine aux gens de RTL qu'à ceux d'Europe. Durant tout le repas, Martin a émaillé ce qui était une négociation financière chaleureuse de petites blagues en montrant la façade derrière lui, et ajoutant : « C'est des escrocs ! » Une autre fois (quelle tristesse, au fond, de penser que nul ne viendra compléter les détails de cette anecdote...), nous sommes tous les trois dans son bureau, Martin, Marc et moi, à discuter de l'évolution de la tranche. Martin parle fort, renifle beaucoup – très naïvement, je n'imagine pas du tout pourquoi à l'époque –, les pieds sur la table, la chemise en vrac, un peu foutraque, égal à lui-même. Le téléphone sonne : l'assistante du PDG le prévient que Lagardère est là (lequel ? Arnaud, déjà, me semble-t-il) et qu'il est attendu. En quelques secondes, Martin a bondi sur ses pieds, s'est retrouvé torse nu, a ouvert une armoire et est en train d'exploser la cellophane d'une chemise neuve. C'est Garcia qui retouchera le nœud de cravate pour que Martin arrive nickel chez ses propres tauliers...

Patron joyeux, brillant, attachant et classe, touchant et inoubliable. Solitaire parfois aussi, malheureusement, pas toujours bien entouré.

La période Europe 2 sera compliquée toutefois par la maladie de cette maison qui consiste à mettre des contrepouvoirs en face des pouvoirs, par son aspect d'armée mexicaine, la multiplication des chefs qui ont tous leur avis sur l'antenne et oublient qu'un chef (surtout comme Garcia !) suffit à notre bonheur. C'est usant et j'aime aller voir ailleurs. Alors je commence à faire des voix institutionnelles, (pour le service audiovisuel de la RATP par exemple, ça ne s'invente pas !) puis quelques tranches sur Radio Classique, qui est alors totalement en *voice-track*[1].

1. C'est-à-dire que j'enregistre toutes les interventions sans entendre les musiques et qu'un ordinateur va diffuser tout ça automatiquement dans l'ordre. Pas encore de numérisation des sons à l'époque. Un mur de Revox est géré par l'ordinateur.

Ainsi, c'est avec l'accord des directions des deux antennes que j'ai passé toute une saison à la même heure sur les deux radios (9/12). Et ça n'a pu amuser que moi le jour où j'ai désannoncé sur Europe 2 le « Could it Be Magic » de Barry Manilow avec le ton que j'employais pour présenter le prélude n°20 en Do Mineur Opus 28 de Frédéric Chopin (sur lequel il est basé) sur Radio Classique.

Parfois, les rendez-vous avec les chefs de la concurrence, où je vais vérifier si l'herbe ne serait pas par hasard plus verte, me redonnent du tonus pour continuer à Europe 2 où c'est horripilant par moments mais vivant, inventif. Et humain.

Europe 2, c'était essentiellement de la fourniture de programmes en direct à des radios locales. Le morning était donc découpée en décrochages locaux que mes camarades animateurs et journalistes locaux remplissaient de leur programme local. Je savais que près de 200 personnes attendaient mon bon vouloir pour démarrer leur décrochage, et je mettais donc un point d'honneur à les lancer à l'heure, question de courtoisie. Mais j'aimais aussi beaucoup, juste avant de balancer la virgule de « décro » qui leur donnait le signal, ajouter une belle petite ânerie à ma manière, un jeu de mots dans la désannonce du dernier titre, pour les surprendre, comme nos auditeurs. À eux de se débrouiller pour ne pas démarrer sur un éclat de rire ou éviter de coller de la « viande froide » dans le début de leurs infos !

Et puis, il y eut Philippe Aubert…

10

Parce que c'était lui, parce que c'était moi...

Philippe... Il lui faut bien un chapitre, au moins... Et il faut bien que ça commence un jour...

Alors disons que ce fut ce fameux vendredi soir de 1978. J'attendais le ciné-club d'Antenne 2 en m'endormant à moitié devant un numéro d'*Apostrophes* que Bernard Pivot attaquait l'air un peu crispé. J'ai vite compris pourquoi. Le vieux pochtron dont les bouquins se sont si bien vendus grâce à son inconduite du jour, ce cochon de Bukowski, était venu sur le plateau, passablement imbibé et accompagné, histoire de ne pas perdre le rythme, de deux bouteilles de blanc d'Alsace qui finissaient de se réchauffer à côté de son fauteuil.[1]

Pendant que les uns et les autres vendaient leur salade à un Pivot qui faisait semblant d'avoir tout lu, le vieux

1. Charles Bukowski, *Contes de la folie ordinaire*, Grasset, 1972, qui devait faire l'objet d'une réédition.

Charles a sorti son tire-bouchon et commencé à tâter du goulot. Peu de temps après, il tentait de fourrer ses mains sous les jupes serrées d'une autre invitée.

L'émission à partir de là part un peu en eau de boudin parce qu'il faut finalement expulser de force le SDF de luxe, ce qui lui donne une aura et l'empêche de dire trop d'âneries (d'où une vente qui décolle). Personne ne connaît encore le mot « buzz », mais Pivot, qui maîtrise déjà le concept, a l'air faussement gêné.

Dans la foulée, arrive le dernier journal, présenté (enfin disons plutôt : animé) par Gérard Holtz. Un « Gégé » tout minet, cheveux longs, pas encore buriné pas des années de piste… et hilare ! En effet, son studio d'info ayant, nous explique-t-il, connu un départ de feu quelques instants plus tôt, il en est réduit à présenter son journal depuis le studio des speakerines ! Et comme il dit avoir assisté à la panique chez Pivot, il est mort de rire. Ne me demandez pas quand il a écrit son JT. Bref, on le retrouve dans le studio des speakerines.[1]

Notre Gégé nous présente donc avec son flegme (et ses approximations) habituel(les) un ersatz de JT quand, subitement, le logo ignoble et tarabiscoté de la chaîne Antenne 2, accroché à un clou derrière lui sur le décor comme le portrait de l'oncle Émile dans la chambre de

1. Note pour les plus jeunes : Alors… Speakerine… Comment dire ? Eh bien vois-tu, c'est une espèce de demi-femme, disparue depuis. Oui, demi, j'y tiens. Des femmes-troncs chargées de présenter les programmes avec tact et élégance. Des êtres à la coiffure souvent improbable, aux bras croisés… et sans jambes. Si, si, je t'assure, sans jambes. Une fois, l'une d'entre elles a eu l'outrecuidance de se les laisser pousser. Que croyez-vous qu'il arriva ? Qu'on les lui coupa? Non (on coupe les pattes chez le coiffeur tout au plus, mais même Laurent Romejko vient négligé dans le poste maintenant, tout fout le camp !). Non, on la vira, immédiatement. Nul en France n'ayant dû imaginer qu'elle pouvait posséder des genoux ! Ah mais oui, jeunes, on savait rire, dans la France de Pompidou et Giscard ! Il y avait même un ministre chargé de tout ça. Il s'invitait de luimême dans le JT de Léon Zitrone pour présenter la grille de rentrée de la télévision d'État ! Mais ceci est une autre histoire.

votre grand-mère, se détache et s'écroule par terre dans un fracas qui lui fera mimer de façon prémonitoire la trouille de BHL en visite dans Sarajevo à l'écoute d'un bouchon de champagne... Bref, on retrouve notre Gégé national accroupi devant la caméra, les bras sur la tête, heureusement rapidement et suffisamment mort de rire pour abandonner définitivement toute velléité de journalisme sérieux.

Je n'ai aucun souvenir du film programmé ensuite dans le ciné-club d'Antenne 2 (qui était la raison pourtant, qu'on s'en souvienne, de ma présence devant l'écran), mais, à ce moment-là, j'avais déjà passé une bonne soirée.

Et cette bonne soirée, j'ai eu très envie de la revivre grâce à la verve de celui dont, depuis quelque temps déjà, j'appréciais les chroniques dans l'excellent magazine de Pierre “Bonsoaaar” Bouteiller, sur France Inter en fin de journée, je veux parler de Philippe Aubert. Oui, j'y arrive enfin.

Donc, le lundi suivant, me voici dès 18 h à l'écoute de la radio d'état et, ô bonheur, Bouteiller en vacances a laissé les clés à Philippe qui va animer toute l'émission. Et, comme je l'espérais, il attaque bille en tête sur la soirée du vendredi d'Antenne 2 avec cette verve et cette gouaille qui font que l'épisode, déjà connu, gagne encore en drôlerie quand il est passé par le prisme de son esprit. Oui, racontée par Philippe, l'histoire, juste parce que c'est lui qui la narrait, prenait encore plus de relief. Sauf que...

Sauf que, au bout de quelques minutes d'émission, c'est le blanc à l'antenne. Moi, je suis dans ma première voiture, je n'ai pas toute confiance en mon autoradio, et c'est le service public quand même. Je teste… RTL et Europe sont bien là. Sur la fréquence d'Inter, rien. Du blanc, interminable. Mais du beau blanc, vous voyez, cette qualité de silence que nous prodiguent les meilleurs émetteurs, bien réglés, quand aucune modulation ne leur parvient (nous sommes encore en Ondes Longues). Il se passe bien deux à trois minutes, une éternité, donc, avant qu'une ignoble musique d'ascenseur n'envahisse ma bagnole. Tiens, un fonctionnaire de la régie finale s'est réveillé et a fait tourner le secours prévu et calé sur une platine depuis que le président Lebrun a inauguré la Maison de la Radio ! Se passent encore quelques minutes dans une ambiance digne d'une vente flash d'un Monoprix de banlieue et, dans un *shunt* un peu pourri, mon Philippe revient, un air de grande hilarité ayant remplacé dans sa voix son ton humoristique *so British* habituel, nous expliquant qu'on ne devrait jamais se moquer des petits camarades car, quand nous avions été assaillis par le blanc à l'antenne, lui-même s'était retrouvé plongé dans le noir le plus complet, le studio ayant été disjoncté par une main maladroite (aujourd'hui, on parlerait aussitôt d'attentat, mais on n'avait pas ce genre de parano à l'époque) et néanmoins anonyme. Quand j'évoquerai cet épisode avec Philippe des années plus tard, il me précisera que le studio, dépourvu de fenêtres pour des raisons d'insonorisation, était tellement dans l'obscurité totale qu'il ne parvenait même pas à trouver la sortie !

J'étais alors étudiant en sciences économiques et politiques pour une raison qui m'est encore aujourd'hui un peu obscure, puisque je savais déjà depuis plusieurs années que je voulais bosser en radio. Cela dit, j'y ai sans doute acquis une culture économique et politique formatrice.

Fin du flash-back.

En 1987, Europe 2 va commencer sa deuxième année d'existence, j'attaque ma deuxième saison de morning.

J'ai obtenu de haute lutte de ne commencer qu'à 6 h du matin ! En arrivant, j'aère en grand le studio qui a connu les excès de la nuit, pour chasser des odeurs que je vous laisse imaginer multiples et (a)variées...

J'entends encore, de l'autre côté de la cour, le réalisateur de la matinale d'Europe 1 (« Jounin ! Baisse ta musique ! »)... Eh, je fais un morning de trois heures, aux multiples décros/raccros, tout seul. Merci de me laisser me débrouiller pour rester éveillé, hein ? Et donc, pour cette rentrée, on m'apprend que je vais avoir la visite quotidienne de Philippe Aubert (!) qui, après sa prestation chez les grands, viendra faire le kéké chez nous, avec moi. Il y aura la chronique télé mais il y aura aussi ses mémorables chroniques sur les femmes.

Ainsi, comme ma mère le jour où elle a entendu Mme Soleil me dire "Bonjour Remy" sur Europe 1 (sans imaginer une seconde que cette dernière avait enregistré ça sans me voir ni savoir qui j'étais) s'est dit que, finalement, j'allais peut-être réellement en faire un métier, mon métier. C'est sans doute grâce à cette complicité quotidienne avec Philippe que je me suis senti enfin passé de l'autre côté du miroir ou du poste, comme on voudra.

Il y aurait sans doute des milliers d'anecdotes à raconter sur ces petits bouts de bonheur quotidiens, pour nous, les jeunes de la FM, comme pour lui, me semble-t-il, qui se ressourçait avec nous. Philippe apportait chaque matin sa bonhomie, son humour indestructible, son culot monstrueux et, en même temps sa formidable élégance. Je revois très bien son entrée majestueuse dans notre rédac tout au bout du couloir, où tous ceux qui se levaient tôt l'attendaient avec impatience. Ça devait même pousser ceux qui font des horaires normaux à ne pas arriver trop tard. Il y avait presque une légère forme de jalousie entre « eux » qui l'accueillaient pendant que je gérais l'antenne au fond du dernier studio tout au bout du dernier couloir et le retenaient jusqu'au dernier moment, et moi qui étais le seul à partager cette complicité quotidienne à l'antenne, mais qui devais attendre qu'ils le libèrent enfin. Ridicule ? Bien sûr, mais symptomatique de la puissance de sa présence, de l'admiration que nous lui vouions.

Très rapidement, car c'était un homme respectueux des autres, il a voulu que je fasse plus que le lancer chaque jour. Nos échanges sont devenus un show en soi, autour du thème qu'il avait artistiquement ciselé. Il y avait comme une sorte d'émulation dans nos échanges, et il n'a sans doute jamais imaginé comme c'était valorisant pour moi qu'il accepte, voire provoque ainsi la joute amicale. Non que la différence d'âge fût énorme ; mais la différence de métier, de talent, évidemment. Pourtant, je ne lui servais pas la soupe. Mon rôle était plutôt celui d'un *sparring-partner* chargé de prendre des coups (mais protégé quand même) pour la gloire de son champion. Et j'en étais très fier.

À une époque, Philippe avait posé la règle suivante : en arrivant en studio, il me dictait le lancement et la relance. Mais il ne me disait rien du sujet. Et, très rapidement, il a pris l'habitude de me faire dire une relance à laquelle il pouvait objecter un truc du genre : « Mais non Remy, vous n'y êtes pas du tout… ! », me faisant (gentiment) passer pour une andouille. Au bout de quelques semaines, j'ai retourné le jeu et je me suis mis à improviser sur cette relance, l'obligeant – lui aussi – à partir en impro alors que tout était précisément écrit. Qui d'autre aurait pu accepter de bonne grâce d'être ainsi déstabilisé et de se mettre en danger ? Au contraire, Philippe a pris encore plus de plaisir à cette deuxième partie, en raison évidemment de l'acuité d'un esprit qui fonctionnait suffisamment rapidement pour me laisser encore sur place. Cette dynamique entre nous fonctionnait et elle plaisait. Le bonheur partagé était contagieux. À une époque, certaines stations locales abonnées enregistraient ce moment pour le rediffuser plus tard dans la journée.

Je me souviens aussi du jour où nous avons invité Philippe à être la « star » du *Programme de Star*, que j'animais le dimanche, avec le *Top Album*. Un Philippe en roue libre totale, ravi d'être là, hilare et hilarant. Mais on a arrêté l'enregistrement au bout de vingt minutes et réécouté (à ma grande fierté, c'est moi qui l'ai voulu, pris d'un doute). L'émission n'était qu'une immense *private joke*, l'un et l'autre rigolant des blagues pas encore lâchées mais déjà pressenties et déjà répondues ! Une sorte de duo tourrettien pour autant que ce soit possible. Heureusement, ce n'était pas du direct. Et pour moi, rudement formateur. On a alors tout recommencé à zéro. Ce fut moins délirant mais plus fédérateur !

Nous connaissons tous, dans ce métier, de ces chroniqueurs ou invités, plus ou moins *people*, dont l'interview nous laisse épuisés car il a fallu en permanence garder le contrôle d'un vaisseau que l'autre veut vous ravir juste pour vous prouver que, s'il a plus de notoriété que vous ben y'a une raison, tout ça… On pourrait balancer des noms, mais ce serait sans intérêt. Car Philippe n'en serait jamais. Philippe était d'abord un être délicieux, et j'ai vécu sans le comprendre alors des moments magiques, grâce à lui. En fait, la différence que je voyais entre nous (et qu'il ne mettait pas, lui), l'admiration que je lui vouais, a occulté à mes propres yeux la naissance d'une amitié réelle. Trop courte, beaucoup trop.

Des années plus tard, après un voyage compliqué, j'arrive directement de Roissy pour animer le morning de Chérie FM. Je viens, pour la première fois de ma vie, de passer une semaine à New-York. Mon vol de retour a été annulé au dernier moment et il a fallu réussir à dégoter des sièges dans l'avion d'Air France qui rentre sur Paris dans la nuit pour être à l'heure rue Boileau. Mes yeux sont encore pleins d'étoiles et d'angles droits, l'odeur du Roosevelt Center, les fumées des égouts dans China Town et la grâce de Joana Lumley (en repos d'*Ab Fab*) croisée sur la 5e Avenue sont autant d'images qui m'enveloppent totalement quand un délicat personnage me demande : « Tu l'as connu, toi, Philippe Aubert? ». Moi, pris de court : « Oui… ». « Ben il est mort hier. » Délicat, je vous disais…

Inutile de vous dire que mon kaléidoscope interne a volé en éclat. À mon licenciement d'Europe 2 (effectué en un quart d'heure avant la fin de ma tranche parce que le chef avait un déjeuner… *en ville*), Philippe m'a invité à boire un coup à l'Athénien[1]. Puis nous étions restés en contact, nous téléphonant de temps à autres. À l'époque, mon fils aîné (qui ne savait pas grand-chose de la profession, c'est son excuse) voulait devenir journaliste. Philippe l'avait pris sous son aile, il appelait à la maison et lui filait des devoirs, un papier à faire sur tel ou tel sujet. Ils ont aussi parlé de Sciences Po. Je me demande si les conseils et anecdotes de Philippe n'ont pas poussé mon fils à être l'emmerdeur qu'il a été pendant ses trois ans rue des Saints-Pères…

Parce qu'il n'avait pas sa langue dans sa poche, Philippe. Sa manie des surnoms, par exemple, lui a sans doute coûté très cher et je ne m'étendrai pas sur ce qu'on lui a fait vivre professionnellement, sachant ce qu'il vivait personnellement… Les gens de radio ont intérêt à avoir le cœur solide. Métaphoriquement et techniquement.

Donc, des coups de fil, irréguliers, l'envie de se voir, toujours repoussée, le temps qui file, l'éloignement, la galère, la vie privée qui mine et je n'ai jamais eu le temps de dire à Philippe ce qu'il représentait pour moi, pour nous, l'autre génération. Il ne se passe pas beaucoup de jours depuis sans que j'aie une pensée pour lui. « Son trou dans l'eau jamais n'se referma », chanterait à peu près Brassens. Et c'est clairement ça.

1. Désormais Café Mode me semble-t-il, la terrasse la plus proche de la radio, côté soleil, dont un hasard technique, une erreur de France Telecom, faisait qu'on pouvait le joindre par le téléphone interne en composant juste les quatre derniers chiffres, comme n'importe quel poste de la maison.

11

Et puis, un dimanche matin...

J'ai commencé ma carrière sur un coup de bol, une absence imprévue, un coup de bluff... Ce ne fut pas le seul épisode de ce genre...

Revenons en 1987, année où je partage mon énergie entre les deux Europe. Pour la nuit du vendredi, j'arrive, je l'ai écrit plus haut, après Christian Barbier. Le samedi, c'est Jacky Gallois, transfuge d'NRJ, qui fera une si longue carrière à Europe 1, qui me précède, avec le *Hit des Clubs*. Je débarque suffisamment tôt pour passer du temps avec lui, et certains chefs d'antenne nous feront vivre des moments de rigolade intense. Grâce à eux on entendra de l'accordéon dans le *Hit des Clubs* grâce à un 33 tours rapidement glissé sur la platine dans le dos de Jacky...

Les matinales du week-end sont alors animées par Harold Kay, qui s'installe toujours un petit quart d'heure dans mon JP avant l'antenne, pour se chauffer la voix devant le public conquis que je suis. Or, arrive un week-end où Michel Brillié, notre patron bienveillant et désinvolte, prévient Jacky que Harold ne sera pas là dimanche matin (il anime une convention de véhicules anciens, ça va tellement bien avec sa grande élégance, je trouve !) et Michel dit à Jacky : « Tu vois avec Jounin : vous vous répartissez le 22 h / 9 h. » En gros, l'un des deux devait se taper le tunnel musical jusqu'à 5 h du matin pour que l'autre soit frais pour le morning. Jacky (sois-tu béni pour les générations à venir !) vient me voir et me demande ce que je préfère. Oui, comme ça, très simplement, il m'offre le choix. J'en suis gêné parce que, évidemment, cette émission, j'en rêve ! « Bah, je l'ai déjà fait, moi. Prends-le. », me répond simplement cet homme admirable (tu as gagné la meilleure place au paradis s'il existe quel qu'il soit !).

Et je fais donc le morning d'Europe 1 un dimanche matin. Un seul. Mais un quand même. Quelques semaines plus tard, alors que je sors d'Europe 2 vers 9 h 30, je croise Gérard Courchelle, journaliste de la maison-mère, ancien d'Inter (ça a son importance) que je ne connais que peu. On se salue et il ajoute : « Tu as vu Jean-Pierre L'Hénan, finalement ? ». Moment gênant : qui peut bien être Jean-Pierre L'Hénan et que me veut-il ? « Ah, j'ai oublié de te dire alors : il a demandé à Philippe Caloni de me demander de te dire qu'il veut te voir. Il t'a entendu l'autre matin sur Europe. » Et il ajoute « L'Hénan, c'est le secrétaire général de RTL. » Philippe Caloni, autre ancien d'Inter, immense journaliste, est alors sur RTL et Jean-Pierre a donc joué sur les réseaux pour me contacter. L'Hénan, Caloni, Courchelle… Tout ça pour contacter Jounin. Des fois, on croit rêver... J'appelle RTL, il me fait donner un rendez-vous très rapidement et on se rencontre.

Jean-Pierre est un personnage contradictoire. Grand seigneur, séducteur, âme damnée du PDG Philippe Labro dont le bureau est contigu, il participe aux décisions sans les prendre lui-même, supervise les sondages et c'est surtout un grand pro de la radio, aux manières parfois discutables. Ce dimanche-là, sa radio l'a gonflé (sic) et il est venu écouter ce qui se passait à la concurrence. Ça lui a plu, il a voulu faire ma connaissance. On va discuter radio un bout de temps, il me présentera à « son voisin » (sic) Philippe Labro, devenu PDG depuis notre rencontre à TSF (qu'il a totalement oubliée, l'ingrat), et finalement Jean-Pierre me proposera de passer le voir régulièrement, ce que je ne manquerai pas de faire. De loin en loin, j'appelle. Sa secrétaire, qui partage son bureau, répond « Ah bonjour monsieur Jounin. » ; là, il y a un signe de tête de Jean-Pierre qui sera là (« Oui, passez. ») ou non (même si je l'entends discuter derrière), et c'est parti pour un nouveau cours particulier de radio. Passionnant, formateur. Et ça donne une raison de venir périodiquement rue Bayard. La toute première.

Le temps passe, les saisons s'enchaînent. Europe 2 s'installe dans les sondages, on parle de nous dans les bons journaux (*les Inrocks* m'aiment bien, *Télérama* aussi : je serai le premier animateur FM à y avoir une page entière, grâces soient rendues à Anne-Marie Gustave). Mais je commence à m'ennuyer. On devient une grosse structure, sérieuse, lourde. Avec de plus en plus de directeurs, de notes de service souvent contradictoires en raison des luttes de pouvoir internes, de carcans, de règles d'antenne contraignantes. Je reconnais de moins en moins le bébé (sans doute parce qu'il ressemble de plus en plus à ce qu'il devait devenir et non à ce que j'aurais aimé qu'il soit).

Heureusement, j'ai décroché des émissions spéciales le week-end : le *Top Album* et le *Programme de Star*, mes premières vraies rencontres régulières (hebdomadaires) avec les stars. En face, le groupe Crown Communication, qui a racheté RFM, fait une copie d'Europe 2 mais avec des vedettes à l'antenne : Groucho et Chico en face de moi la première saison. L'un des deux est le copain Alexandre Marcellin, cité plus tôt, dont l'épouse d'alors travaille avec nous. La saison suivante, ce seront le formidable Mahler et son acolyte, Éric Lange. En face de mes émissions du dimanche, on m'a balancé Yannick Noah, que je bats sur ce terrain-là.[1] Ou encore Eddy Mitchell, que ça n'empêche pas de faire sa promo de chanteur sur les autres radios.

Un après-midi justement, nous sommes en plein enregistrement du *Programme de Star* de Monsieur Eddy quand arrive Alexandre Marcellin venu faire une bise à madame et à ses ex-collègues puisqu'il a été réalisateur de longues années à Europe 1. Il passe devant le studio vitré, les gars s'en aperçoivent, Eddy se lève et ils s'embrassent.

Alex : « Qu'est-ce que tu fais là ? »

1. Ça amusera mon gamin un mercredi après-midi, quand nous laisserons le terrain de tennis municipal aux suivants avant de déclarer haut et fort « Alors, dimanche, t'as encore battu Noah ? » devant deux joueurs blasés me prenant pour un mythomane qui fait le kéké devant son fils.

Eddy : « Je suis venu faire un peu de promo parce que c'est pas en faisant des ménages à RFM que peux gagner ma vie ! »

Le magnéto tourne toujours. Notre excellent réalisateur (ponte artistique du service public actuellement), sans doute en accord avec le producteur de l'émission, gardera cette réplique dans la promo d'antenne. Éclat de rire des auditeurs… Furie de la maison de disques.

C'est sympa, le *Programme de Star*, l'occasion de voir de près certaines vedettes et de découvrir la réalité, parfois bien éloignée de l'image publique : de Bruno Masure, alors présentateur facétieux du 20 h d'Antenne 2 aux ongles rongés jusqu'aux coudes tellement il est traqueur, à la trop jeune Vanessa Paradis qui n'est pas encore assez à l'aise devant le micro, en passant par la charmante Elsa, très impressionnée elle aussi, mais à la culture musicale impressionnante, en passant par le lumineux Jean-Hugues Anglade qui nous fera une très belle émission et me dira vingt-cinq ans plus tard, dans un restaurant vietnamien du Quartier Latin, combien il aimait la radio et ces moments de découvertes musicales, ou encore la si séduisante Muriel Robin que je retrouverai toujours avec le même bonheur à Chérie FM et Rire & Chansons et à qui je dois un phénoménal fou rire. Découvrir les stars sans éloigner les auditeurs, ne pas avoir la complicité excluante, c'est épuisant mais passionnant.

À cette époque, il y a un début de basculement sur la musique. À mes débuts à TSF 93, chacun faisait sa programmation. Ce qui faisait que certaines nouveautés pouvaient passer dans toutes les émissions, pour peu que nous soyons tous séduits par le même titre. L'arrivée des radios musicales et des consultants américains rendra tout ça plus professionnel. Mais, dans un premier temps, nous avons encore une certaine latitude. C'est aussi une époque où les rapports de force entre radios et maisons de disques étaient équilibrés. On échangeait de puissance à puissance. Ainsi, à la sortie de l'album *Unis vers L'Uni* de Michel Jonasz, la maison de disques nous a envoyé en 45 tours (on ne dit pas encore single) le titre qui donne son nom à l'album[1]. Nous, on a tous écouté tout ça et, sur l'album, on a repéré des titres infiniment moins pénibles (parce que pardon…) comme « La FM qui s'est spécialisée Funky » et surtout le titre qui fera l'unanimité sur les antennes : « La Boîte de Jazz ». Alors, c'est ce qu'on a diffusé, les auditeurs ont aimé, à juste titre, et la maison de disques s'est dépêchée de presser le bon disque. Et il a en a vendu, grâce à nous, le Jonasz !

« Si j'étais un homme »… Qu'est-ce qu'on a pu vous le jouer, celui-là ! On a tous été séduits par Diane Tell, sa balade, sa jolie frimousse, son accent chantant (rien à voir avec celui de Céline Dion !). J'étais à son premier Olympia, un lundi soir, jour de relâche de Véronique Sanson. Diane est arrivée seule en scène avec sa guitare et elle a enchaîné les morceaux inconnus, gardant son seul tube pour la fin, devant une salle de professionnels scotchés. Du coup, le titre passait tous les jours, dans chaque tranche. Et on se l'arrachait en direct.

Il fallait bien finir par mettre de l'ordre dans tout ça. Au fond, on prétendait bien se professionnaliser !

1. Vous avez noté que je n'ai pas dit « éponyme » ? J'ai dit que je trouve l'emploi permanent de ce mot parfaitement agaçant ?

Du coup, quand les rotations vont arriver, mécanisées par Selector, ça va bien arranger les choses. Et les premières rotations, qu'elles soient celles d'Europe 2, Nostalgie, RFM ou Chérie FM, mais aussi NRJ, Skyrock ou Fun Radio, étaient bien jolies et personnelles. Elles donnaient une identité aux antennes. Puis, un gros malin a réussi à démontrer à tout le monde par je ne sais quelle prouesse que plus on resserrait les rotations, plus on « se rapprochait de la promesse ». Pour resserrer les rotations, il n'y a pas d'autre possibilité que d'enlever des titres. Voilà comment certains réseaux sont passés de 3 500 titres en rotation à 800, puis 350… Ça devait être concomitant avec l'arrivée des quotas qui ont fini de tout niveler.

Après, il faut avoir mon mauvais esprit habituel pour rapprocher ça des réflexions de mon trentenaire d'opticien (oui, je suis aussi porteur de ce handicap) qui me dit préférer programmer dans son magasin des playlists Spotify plutôt que des réseaux musicaux, « à cause du matraquage ». Mais rappelons toutefois au passage que le nombre de professionnels qui s'intéressent à mon avis en matière de programmation musicale est proche du zéro absolu.

Plus tard, sur Europe 2, quand les journaux auront tellement explosé leur timing qu'il me faudra bien adapter en direct la programmation en mettant des titres plus courts (puisque, fort naturellement, il m'est formellement interdit de *shunter* avant la fin), je prendrai l'habitude de placer régulièrement le « Petite Marie » de Francis Cabrel qui n'existe pas en single, titre que pas grand-monde n'a encore repéré, et dont j'ai la prétention d'avoir ma part dans le succès ultérieur. J'ai aussi un peu utilisé le « Tu vas au bal ? » de Renaud, sans la même réussite. Pourtant qu'est-ce que ce titre me faisait rire ![1]

Évidemment, tout ceci n'existe plus aujourd'hui. C'est sûrement plus raisonnable. Les nouveaux enjeux sont sans doute moins artistiques que commerciaux et la politique des quotas… Non rien, je veux rester poli. Mais ce qui est vrai, c'est qu'en devenant raisonnable, en rationnalisant ce qui relevait auparavant de l'artistique pur (et bien sûr de l'arbitraire total !), on s'est interdit d'aller musarder sur les albums, d'aller chercher les pépites ignorées, d'autres « Petite(s) Marie »…

Avant que des gestionnaires, rationnels et soucieux de rentabilité, ne la massacrent, Europe 1 possédait une magnifique discothèque. J'y traînais volontiers, surtout les après-midis où François Jouffa avait l'audace d'y animer son émission *Vinyle Fraise* pour que son équipe puisse piocher à la demande dans les trésors qui l'entouraient. C'est là qu'un jour, j'ai dû batailler très fort avec l'un des responsables de la disco (pas le meilleur, évidemment) qui me soutenait que « Mes 16 ans » n'était qu'un titre chanté par Johnny Hallyday. Beau succès, à l'époque, mérité, grâce notamment à Pierre Papadiamandis, le talentueux mélodiste qui a signé pas mal des compositions chantées alors par Eddy Mitchell. Mais ce qu'ignorait de toute évidence le jeune homme, c'est que ce titre était signé Claude Moine et qu'Eddy Mitchell

1. Sur Chérie FM, avec Coralie, notre bouche-trou favori sera « The Letter », des Box Tops. 1'53, très pratique.

l'avait enregistré aussi, un peu après, avec une légère fioriture dans le texte[1]. Car là où Johnny avait chanté :

« Claude Moine dit Schmoll ignorait tout de Eddy. Un certain Jean-Philippe attendait son Johnny »

Eddy s'était amusé à changer pour :

« Un certain Jean-Philippe attendait son Johnny. Et piquait mes disques dans les surprises-parties »

J'avais la certitude que faire écouter cette petite blague de Schmoll au Taulier ne pouvait qu'intéresser mes auditeurs. *A fortiori* sur une radio musicale. Sur Europe 2, ça ne restait possible qu'officieusement, quand les chefs avaient le dos tourné. Je crois que c'est à cette époque que sont arrivés ce qu'on a appelé parfois les « audis » (pour auditoriums), d'autres fois les « focus ». C'étaient des groupes censés représenter nos auditeurs auxquels on faisait écouter des extraits de titres en programmation, ou susceptibles d'y entrer. Outil intéressant mais dont je persiste à croire que personne n'a jamais su comment l'utiliser. On accordait plus d'importance à ces résultats qu'aux appels spontanés des auditeurs demandant ravis quel était ce titre qu'on avait exhumé en catimini (je pense à « As Time Goes By », de Carly Simon, notamment). Je découvrirai plus tard que la première tâche du directeur des variétés de RTL chaque lundi matin était d'éplucher soigneusement les résultats du *Stop ou Encore* du week-end, véritable sondage grandeur nature.

On s'amuse donc encore, épisodiquement…

En 1991, ce sera l'inauguration d'Eurodisney. On cherche ce qu'on n'appelle pas encore des influenceurs

1. Note pour les plus jeunes : Eddy Mitchell est le nom de scène de Claude Moine.

pour convaincre le public français. Je serai de ceux-là. Invité, dans des conditions royales, à un premier voyage de presse à Walt Disney World, en Floride, pour découvrir l'esprit des parcs Disney, je ne boude pas mon plaisir. Je pense alors à ce numéro du Journal de Mickey de la fin des années 1960 où j'avais dévoré un article sur Disneyland, le premier, en Californie. Je me rappelle l'avoir lu, dans le salon de ma tante, chez qui je passais mes fins de journée après l'école, persuadé de ne jamais le visiter. Et me voici, baladé de restaurant en attraction, dans les différents parcs de Floride : Disneyland, Epcot Center et son look tellement seventies, le MGM et ses multiples studios de télé... C'est trop bien, je reviendrai.

J'arrive à monter un deal entre Europe 2 et la maison Disney. Je repars en famille, pour une semaine de matinales enregistrées là-bas chaque jour, en racontant mon périple.

Gag : le signal, pas encore numérisé à l'époque, enregistré dans un magnifique studio du MGM Park, passe par le tout nouveau câble sous-marin transatlantique qui vient d'être inauguré et le son est meilleur que celui de la rue François 1er. Dès les premiers jours de mon faux-direct (le décalage horaire m'aurait contraint à faire mon morning entre minuit et 3 h du matin alors que je voulais profiter de mes journées dans les parcs), des auditeurs appellent pour déclarer ne pas croire à nos « directs bidons » ! Le son est trop bon, je ne peux être qu'à Paris ! Il suffira de rajouter en surimpression quelques faux bruits de ligne parasites sur mes speaks pour que ça devienne crédible et que les appels cessent.

Idée du toujours inventif Marc Garcia, qui désespéra le directeur technique qui était si heureux de la qualité de « son » son.

L'année suivante, je serai à nouveau invité avec juste 20 000 autres personnes venues du monde entier, sans contrepartie à l'antenne, pour les 25 ans de Disney World. Des dizaines de radios et de télés sont là, en direct vers toute l'Amérique et le reste du monde, côte à côte. Je ferai la connaissance de l'animatrice d'une radio belge qui a trop d'heures en direct pour participer aux fêtes et concerts prévus. Chaque jour, elle me demande de venir passer vingt minutes avec elle pour raconter les festivités à son auditoire. À la table à côté de la nôtre, la tête de l'animateur me dit quelque chose. Il me faut deux ou trois jours pour réaliser que je fais de la radio à quelques pas de… Larry King !

Énorme…

Mais Marc Garcia désormais s'ennuie.

Sur un coup de tête, il se barre, nous plante là. Apparemment, une bonne partie de l'équipe postule à sa place. Pas moi : je n'y pense même pas. Martin Brisac, directeur général d'Europe 2, trouve plus malin d'aller chercher un taulier au bout du monde. Ça le regarde. Le mec arrive, me déteste ouvertement d'entrée de jeu. Ça arrive.

Il a aussi du mal à marquer son territoire après le départ du charismatique Garcia. Alors il se renseigne : qui est le plus ancien dans la maison ? C'est Jounin. Qui fait le plus d'audience ? C'est Jounin. Alors il décide de virer les deux ! Pour qu'il soit bien clair que nul n'est inamovible.

Ça se passe un jeudi. Il est 13 h 30, je viens de quitter l'antenne (j'y suis depuis 9 h, une paille !). Je croise dans le couloir le « caribou » (c'est son surnom), qui m'évite. Je l'interpelle, bonjour quand même. Ah oui bonjour. On sort avec mon assistant et je lui dis : « Tu l'as vu ? Je suis viré ». Ce dernier acquiesce, pour lui aussi c'est évident.

Le lendemain, vers midi, l'assistante du taulier vient me dire que son chef veut me voir quand j'ai fini ma tranche. « Préviens-le quand même que je finis à 13 h 30, ça va lui faire tard pour ses *déjeuners en ville* »Vers 12 h 45, quand l'animateur suivant arrive, on lui demande de venir prendre le relais dès 13 h. Lui, persuadé que je suis au courant de ce rendez-vous entre dans le studio et, avec un grand sourire, me fait « Allez, casse-toi, t'es viré. ». Moi : « Ah, t'es au courant ? ». Entre nous, c'est tout juste si je ne m'en veux pas encore aujourd'hui. Le pauvre gars est devenu verdâtre, j'ai vraiment cru qu'il allait vomir dans le studio tellement il était désolé de son humour qu'il aurait voulu ravaler. Je vous la fais courte : à 13 h je suis dans le bureau d'un taulier qui me déclare « J'ai pas d'fun à travailler avec toi. » et me propose de démissionner (« Alors vire-moi ok, mais ne me prends pas trop pour un con stp ! »). À 13 h 15, je suis dans la rue, chômeur. À 13 h 20, à la terrasse du bistrot mon ami Philippe Aubert m'invite à boire un coup avec quelques copains qui trouvent ça un peu fort. Quelques-uns seulement, les autres ont bien compris le message. Et se planquent. C'est la vie.

Fin d'Europe 2.

Et Martin Brisac, pendant ce temps-là ? Il est en voyage de noces, me semble-t-il, en Chine. Et les communications avec l'Empire du Milieu, à l'époque, c'est pas vraiment ça… Il m'appelle un soir, désolé que la première action de son nouveau directeur des programmes soit celle-là, mais m'explique qu'il ne peut vraiment pas le désavouer. Promis : il suffira que mon avocat l'appelle et les choses s'arrangeront au mieux pour un accord. Classe, je l'ai dit, Martin. On y reviendra, encore.

12

Rebondissements et amitiés imprévues

L'été suivant, je fais la connaissance de Christophe Sabot. Il dirige NRJ et Chérie FM. La première marche bien, la seconde doit se décider à décoller et il a besoin – au moins momentanément – d'un ou deux « cow-boys ». Alexandre Debanne sera l'un. Je pourrais être l'autre.

Il nous faudra quelques mois pour tomber d'accord financièrement et je démarre sur le 16/19 de Chérie pour trois ans de vacances, de rigolade, de complicités, et surtout trois ans de radio populaire comme j'aime vraiment. Pour la première fois, j'ai une réalisatrice, une assistante, et surtout – je ne le comprendrai que beaucoup plus tard – un responsable d'antenne cool et bienveillant qui sera un rempart permanent face aux colères du « sanglier »[1]. Une radio enfin populaire

1. Allez, tu le savais, Christophe, que c'était ton surnom !

(quelle noblesse dans ce mot !), avec des jeux sans prétention, des interviews tranquilles, comme des discussions autour d'un verre.

Je suis resté près de six mois sans micro. Le public s'en est tout à fait remis, moi moins, avouons-le. Quand le contrat est signé, j'envoie des petits messages à droite à gauche, avec la copie du communiqué de presse de Chérie. À Martin Brisac, toujours à la tête de mon désormais principal concurrent, j'ai juste ajouté dans la marge un gros « Na ! » amical.

Le premier jour, quand j'arrive dans le studio, il y a dans un coin, sur une chaise, une immense gerbe de fleurs. Coralie, ma réalisatrice, ma complice, ma petite sœur pour les trois ans à venir, m'explique que ça a été livré pour moi. Interloqué, j'ouvre l'enveloppe qui accompagne la gerbe. La carte est de Martin : « Bravo mon grand ! » (ai-je dit qu'on a le même âge, à quelques mois près ?). La classe, toujours, l'élégance, et une profonde gentillesse. Il est simplement content pour moi, et mes nouveaux collègues sont impressionnés par le geste.

Qu'on ne s'étonne pas que je ne parle plus de Martin ensuite ici. Je le recroiserai de loin en loin mais c'est triste : la descente aux enfers, les démons qui l'ont rattrapé. Je crois que le groupe, surtout, à force de pression, aura eu raison de lui. Gardons les bons souvenirs intacts.

L'aventure Chérie démarre donc, avec une émission taillée sur mesure. Toute la chanson française sera à mon micro. Parfois, c'est moi qui me déplace, comme pour Charles Aznavour, que je vais interviewer dans sa loge du Palais des Congrès. Quand j'arrive, il s'excuse d'avoir un peu de retard : un dernier filage à réaliser. Si je veux, je peux attendre dans la salle. Je m'installe au 4e rang, nous sommes sept ou huit dans l'immense salle du Palais des Congrès, l'orchestre, les chœurs, tout le monde est là, autour de Charles qui chante pour moi seul. Du moins je m'amuse à le croire.

Pour la seconde interview, c'est lui qui se déplacera jusqu'au vieux studio de Chérie. Là encore, une sorte de reconnaissance professionnelle... Nous sommes toujours avenue d'Iéna : locaux en lambeaux puisqu'on attend la livraison de l'immeuble de la rue Boileau, mais quelle merveilleuse ambiance ! Toutes ces copines formidables autour de moi avec qui ce n'est que rigolade permanente : Coralie en tête, bien sûr, mais aussi Clarisse, Nathalie, Barbara (à qui je donnerai une copie de l'interview de son père Mort Schuman réalisée en 1983, rappelez-vous), Séverine (la jeune femme qui avait la réputation d'avoir mauvais caractère mais a passé son temps avec nous à rire et nous faire marrer). Dans cet enchevêtrement de gens très jeunes et pleins d'envie, et de matériel en fin de vie, il y avait une ambiance formidable. Côte à côte le studio de direct de Chérie, le studio de production d'NRJ, et enfin le studio de direct de Rire & Chansons, avant encore des cabines de production et le bureau du chef.

Tout le monde bossait ensemble : de Vincent, futur directeur des programmes de Rire & Chansons à qui bon nombre de comiques actuels doivent leur carrière, qui écrivait les *stories* de stars que je contais à l'antenne, à la future directrice d'antenne de Nostalgie qui devait sortir de son studio pour rebooter son ordinateur, bizarrement collé dans le nôtre, sous la table, dès qu'il freezait. Et tout ça faisait de l'audience : le baromètre était au beau fixe. Chérie décollait en flèche, Rire se développait, NRJ faisait la course en tête, le groupe était un bateau pirate un peu canaille et drôlement inventif. Ce que ne comprendront jamais certains (rares) vieux présidents de radios associatives ancrés dans un militantisme dépassé. Il y a autant d'intelligence rue Boileau que dans les radios A, une mission différente, des choix concurrents, mais une même envie d'avoir une place sur les ondes, de conquérir et choyer des auditeurs.

Il y eut quelques-unes de ces soirées qui soudent une équipe, animées par les maîtres de cérémonie que sont alors Max Guazzini, le Vice-Président du groupe et Directeur des programmes d'NRJ, et Marc Scalia. Qu'est-ce qu'ils ont pu me faire marrer, ces deux-là, lors de ces soirées ! Et Jean-Paul, le dandy timide et insolent, qui gagne à chaque fois face à l'autorité de régulation en faisant une apparente amende honorable…

Quant à nous, on sort, souvent. Beaucoup d'extérieurs à réaliser et c'est presque toujours pour moi. Sabot m'a à la bonne à ce moment-là. On sera partout !

En direct des pistes de Serre-Chevalier (avec mon ami Bruno Gilbert et, tiens encore lui : Alexandre Marcellin) où nous serons sous la neige avec le champion de ski et futur coureur du Paris-Dakar Luc Alphand.

Ce sera aussi l'occasion de directs fameux avec Michel Fugain. Un soir, reçus dans la boîte de nuit locale, Michel est en verve et nous raconte le Big Bazar. Croyant bien faire, le DJ nous balance un titre de Michel, un live pas trop réussi, le seul sans doute que le gars bien intentionné avait sous la main. En quelques secondes, Michel s'est levé et a disparu. Tant pis pour la soirée. Maxime Leforestier est là aussi, toujours tranquille, pas vraiment meilleur copain avec les horaires. Le lendemain, au moment de monter dans le car qui nous emmène à Turin pour rentrer sur Paris en avion, il se pointe avec femme et enfants avec vingt bonnes minutes de retard. Celles qui font que nous serons bloqués dans les embouteillages de la banlieue de Turin et que nous verrons notre avion (le dernier pour Paris) décoller sans nous en approchant enfin de l'aéroport. Il faut voir le tranquille Marc Pallain, DG et vainqueur du concours de raclette de l'avant-veille (j'avais tenté sans succès de m'aligner et passé une très mauvaise nuit !), décrocher son téléphone pour loger toute l'équipe ainsi que les invités, tandis que Christophe Sabot fabrique en urgence par téléphone une équipe de secours puisqu'on ne sera pas rentrés pour la grille normale du lundi…

Avec Maxime, nous ferons une série d'émissions quand il aura l'idée de reprendre les chansons de Brassens. Son spectacle, qui sera un succès suivi d'une tournée mondiale, débute dans une minuscule salle : le Sentier des Halles. Une cave au plafond de pierre harmonieusement arrondi et à l'acoustique tellement parfaite que Maxime chantera sans sono, ce qui ne pardonne pas. Il faut avoir sa voix et sa technique pour que ça passe, car on ne peut pas gommer le moindre défaut. La salle est déjà trop petite et, invité parce que la radio est partenaire, je passerai la soirée assis par terre, à ses pieds, au plus près des postillons, tandis qu'il me commente les chansons, comme si notre émission avait déjà commencé.

D'autres invités deviennent aussi des habitués de la maison, souvent des artistes « siglés » Chérie. Dany Brillant viendra souvent, sa guitare sous le bras, gentil, simple. Un soir, pour un direct en public depuis un bar parisien des Halles, il nous démontre sa grande complicité avec son public qu'il perdra malheureusement plus tard, en prenant la grosse tête. Véronique Sanson viendra régulièrement aussi : ce sera toujours chaleureux et compliqué. Chaleureux parce que cette femme est adorable, séduisante, infiniment touchante. Compliqué parce que chez cette immense artiste hyper-sensible, le moindre compliment peut être pris de travers, parce qu'elle a besoin de recevoir autant d'émotion qu'elle en balance de la scène. Je l'ai vue sortir de scène en larmes lors d'un concert en plein air, un été à Bagnères-de-Bigorre. La pluie avait commencé à tomber sur une scène non protégée, les techniciens l'avaient prévenue qu'il fallait arrêter, démonter. Les musiciens étaient sortis de scène, elle chantait encore, seule avec son piano. On l'a poussée dehors, pour prévenir l'électrocution par le micro, en pleurs. Je crois que c'est lors de sa dernière venue qu'il a fallu que je la chasse de sa chaise pour y accueillir le journaliste du flash de 18 h. Elle s'est rassise ensuite et a fini par arriver en retard à son interview suivante, à Europe 1, parce que nous étions en train de jouer à *Monsieur et Madame ont un Fils*… Désarmante.

Autre invité récurrent : Richard Cocciante. Un peu oublié aujourd'hui, Richard est alors une star mondiale.

En Amérique du Sud, il remplit des stades de 15 000 places. À sa Première à l'Olympia, des Italiens venus exprès par dizaines de leur péninsule feront craindre au directeur Jean-Michel Boris de voir à nouveau sa salle détruite par des fans, comme dans les années 1960. Richard est un homme charmant, simple, poli, courtois, discret. Son seul défaut justement : sa trop grande discrétion. Quand il vient en direct nous présenter la comédie musicale *Notre-Dame de Paris*, dont il est le compositeur, on a eu l'idée (qui s'avèrera déplorable) d'avoir en même temps son complice parolier Luc Plamondon, en direct par téléphone du Québec.

Plamondon est un grand parolier… et un grand grand *parleur*, à l'inverse de Richard. Il monopolise la parole, n'entend pas (ou fait mine de ne pas entendre) quand j'essaye de le couper pour redonner le micro à mon invité principal et commence à nous envahir horriblement, voire grossièrement. N'en pouvant plus et sentant l'émission sur le point de m'échapper, je fais des gestes à Coralie, à la console, qui ne comprend pas, ou ne peut pas croire, ce que je lui demande. Tant pis, je me lève et clique deux fois sur le bouton de l'insert téléphonique. Bruit de ligne coupée puis sonnerie style occupé. Coralie et Richard sont sidérés. Je reviens sur ma chaise et me désole : « Quel dommage, on a perdu Luc, on va voir si on peut le rappeler avant la fin de l'émission ! ». J'envoie un disque et j'explique hors-antenne à Richard qui, gentil comme à son habitude, s'abstient de tout commentaire. Oui, animateur mais aussi plus tard formateur ou patron, j'ai assumé d'être grossier pour les besoins de l'antenne, à quelques reprises.

Quelque temps plus tard, Richard, toujours artiste Chérie FM, sort un nouvel album et il faut reprogrammer une interview, toujours sous le même format d'une heure le vendredi à 17 ou 18 h. Pour varier les plaisirs, je lance une de mes fameuses idées à la noix au directeur d'antenne : pourquoi ne pas faire l'émission en direct de Rome, avec des auditeurs gagnants d'un concours ? Laurent Thibaut a l'œil qui brille : « Laisse-moi deux heures. ». En moins que ça, c'est plié avec la maison de disques : c'est l'époque où l'argent rentre encore bien et où toutes les folies sont toujours possibles.

À quelques semaines de là, après avoir décollé sous une tempête de neige qui a contraint à dégivrer les ailes de l'avion pour qu'il réussisse à quitter le plancher des vaches, nous atterrissons dans le printemps romain et filons directement dans le studio d'enregistrement où Richard a réalisé son album. Et ce ne sera pas une mais trois heures de direct depuis Rome, avec Richard, son piano sur lequel il s'accompagne pour chanter en direct, et ses invités.

À Rome, les interviews, les échanges avec nos gagnants, à Paris les disques, les pubs et mon ami Pascal Hernandez en doublure… Et Clarisse, la programmatrice de la radio qui fait la programmation musicale en direct, en fonction des arrivées des invités, de la durée des interventions. Laurent, depuis la régie romaine, produit l'émission et me fait les décomptes. Umberto Tozzi arrive et Richard nous demande de programmer un extrait de son dernier album, en bon pote. Je passe l'info à Clarisse, qui m'entend hors-antenne, mais qui ne sait pas que son retour est balancé fort et clair dans les enceintes du studio. Et elle refuse. Consternation. Moi : « Non, mais Clarisse, c'est Richard qui demande, parce que Umberto vient d'arriver ! ». Elle : « Hors de question, il n'y a pas de tube, personne connaît ! ». Je fais signe brusquement à la technique de couper les enceintes et je bouffe littéralement mon micro : « Clarisse, Laurent t'appelle, d'accord ? ». Alors qu'on me coupe enfin les enceintes, on a encore le temps de l'entendre répondre, glaciale : « Nan mais c'est pas la peine, je m'en fous… ».

Certes, elle respectait à la lettre les consignes du boss, mais Umberto a modérément apprécié. D'ailleurs, quand je l'ai fait parler, il ne s'est pas gêné pour balancer un sous-entendu bien clair sur ses titres « qui ne marchent pas en France »… Discussion que j'aurai plus tard, limite houleuse, avec Nino Ferrer qui nous reprochera de ne diffuser que ses tubes. Et de faire remarquer que si on ne diffuse pas les autres titres, ils ne risquent pas de devenir des succès. Que répondre à cela ? À part se défausser et dire que je ne suis pas programmateur et que je n'ai pas voix au chapitre ? Entre nous, entre diffuser « Le Téléfon » ou « La Rua Madureira », « Mirza » ou « Un An d'Amour », si on m'avait demandé mon avis… Mais justement, comme je l'ai déjà signalé : on ne me l'a pas demandé. Et c'est aussi parce que chacun faisait ce qu'il savait faire que la radio fonctionnait bien.

Cette époque était aussi celle des Pow Wow, ce groupe vocal qui connut quelques jolis succès et remit au goût du jour « Le Lion est Mort Ce Soir ». Avec eux aussi, on a fait quelques directs amusants. Ainsi ce jour où, voulant faire le malin et surtout lier leur interview à celle de William Sheller, venu une semaine auparavant, j'ai décrété qu'une chanson de leur dernier album était un « anatole ». En gros, d'après ce que nous avait expliqué William, un anatole est une phrase musicale qui se répète tout le long d'un morceau et autour de laquelle vient s'articuler la chanson.

Que n'avais-je pas prétendu là ! Grosse polémique autour de la table, cette chanson était-elle ou non un anatole ? La discussion tourne en rond. Impossible de le déterminer. Pour l'instant… À suivre.

C'est sans doute la semaine suivante que je reçois Patrick Bruel. Patrick est venu voici quelques semaines à NRJ et, par prudence, la radio avait demandé des barrières et des renforts de police, en cas d'émeute façon « Patriiiiick !!! » devant la radio. Pour rien. Du coup, quand il vient à Chérie, personne n'a pris de précaution. Pas de bol, c'est là que la foule est au rendez-vous. Le public de Patrick Bruel a vieilli et changé ses habitudes d'écoute. Lui arrive, au dernier moment, comme toujours, charmant, souriant, mais très « star ». Il traîne dans le couloir avec Max Guazzini alors qu'on a lancé le premier disque de l'émission et je commence l'interview tout seul alors qu'il vient s'asseoir nonchalamment, sur l'air de « Je discutais avec le patron dans le couloir ».

L'émission commence sur ce ton, il prend tout à la légère, s'implique peu. Ça m'énerve. À un moment, je craque et m'exclame : « Si mes questions t'emmerdent, dis-le carrément ! ». Il aurait pu m'envoyer bouler. Pas du tout, il se redresse sur sa chaise, se reprend, comme un gamin pris en faute rabroué par son instituteur, s'excuse, se justifie et joue le jeu à fond. Et m'offre un Bruel adorable, simple, charmeur, qui m'aidera même à rattraper le coup quand je cherche à lancer la pub quelques secondes avant l'ouverture de la fenêtre dans laquelle j'ai le droit de le faire. Sacré Patrick….

À quelques jours de là, à l'occasion de la Fête de la Musique, tous nos artistes maison sont censés nous téléphoner à un moment ou à un autre de la journée pour nous raconter comment ils vont vivre cette soirée. Bruel a tenu à appeler dans mon créneau. C'est avec moi qu'il est à l'aise désormais. Les Pow Wow, eux, ont appelé dans le courant de la matinée, pour raconter leurs concerts prévus sur une péniche qui fera escale devant les ponts de Paris tout l'après-midi. Et leur coup de fil s'est terminé par ce message, que l'animateur à l'antenne a trouvé pour le moins sibyllin : « Faudra dire à Jounin que, on a vérifié, c'était bien un anatole ! ».

Les complicités avec les vedettes s'affinent au fil des émissions, la petite bande d'artistes siglés Chérie est tellement bien entourée par les attentions de Laurent qu'ils nous suivent bien volontiers dans nos aventures.

En Corse, par exemple, où Sam Z anime un grand podium pour NRJ, Bruno Gilbert et moi-même au même endroit le lendemain soir pour Chérie FM. Ils se succèdent sur scène : Pascal Obsipo, puis les Pow Wow et, clou de la soirée, les régionaux de l'étape I Muvrini. Dans la journée, Bruno et moi animons en duo des interviews surréalistes, d'un Obispo à cran qui engueule un photographe qui tient à l'immortaliser sous un mauvais angle, ou encore, parce qu'il faut bien « payer » notre présence, d'un président de Chambre de Commerce dont la parole, incompréhensible à force de sous-entendus, se termine par un « Je crois que le message est bien passé. » qu'il faut imaginer fort d'un accent à couper au couteau.

Dire que nous avons été très surpris, quelques années plus tard, d'apprendre que le personnage avait été arrêté, jugé et condamné pour toutes sortes de malversations serait assez exagéré…

Le lendemain (ou était-ce la veille ?), la soirée se termine dans une boîte locale, l'endroit le plus insolite pour moi qui n'y mets jamais les pieds. On boit, on fume, on danse (ou pas, pour moi). Soudain l'un des Pow Wow s'approche de moi, se penche très près (c'est bruyant, évidemment, autour de nous) et articule tant bien que mal : « On en a parlé entre nous : pendant toute la promo, c'est les émissions avec toi qu'on a préférées ! ». C'est gentil, ça, mais si tu pouvais tourner la tête ailleurs parce que rien qu'avec ton haleine, je prends deux grammes ! Quelques minutes plus tard, deux des autres membres de l'équipe viendront me faire en gros le même compliment, sensiblement dans le même état. Et le quatrième, me demanderez-vous, il fait la gueule ? Oui, précisément : toujours, pour tout. Le groupe se séparera peu de temps plus tard et leurs carrières ne seront plus jamais les mêmes. Dommage, les gars étaient vraiment talentueux…

Beaucoup de rigolade, pas vraiment beaucoup de boulot : juste une intense envie permanente d'être bon à l'antenne, l'impression qu'on est animateur 24/7 et que c'est quand je vais chercher un de mes enfants à la sortie de l'école ou que je fais la queue à la caisse du supermarché que je fais le mieux mon boulot, en rapportant à l'antenne mon vécu de père de famille, au milieu des autres gens normaux, ceux qui sont mon alibi pour tellement m'amuser à l'antenne. L'occasion aussi, avec les copains, de faire de la radio dans des conditions inoubliables. M'entendre appeler de la plage alors que je fais trempette dans la Méditerranée non loin de Bastia et venir m'asseoir encore mouillé devant le micro du studio installé sur la terrasse d'une paillotte, c'est inoubliable. Là encore, Fugain et Leforestier vont venir faire un saut, en voisins, l'un et l'autre ayant, si j'en crois leurs dires, élu domicile sur cette île parce que « Chaque année, il y a un mec qui met le feu à la perception ! Du coup, pour les impôts... ». Légende urbaine ? Vantardise ? Cynisme ? Je n'ai jamais su.

Cette fois-là aussi on va rentrer très limite à la radio. Le lundi matin, le commandant de bord de notre Airbus déclare qu'il veut une fouille approfondie des bagages. Je me souviens l'avoir remercié à l'antenne en inventant ce slogan : « Air France : à nous de vous faire préférer le train ! »[1].

C'est sûrement sur Chérie FM que j'ai reçu le plus de courrier. Et que j'ai pris le plus la mesure de l'importance de notre boulot. Déjà, lors de mes matinales d'Europe 2, grâce à leurs messages via le minitel, je savais que j'étais la seule voix que certains solitaires entendaient avant d'arriver au boulot et j'avais saisi la responsabilité qui m'incombait. Mais le public de Chérie est plus populaire, parfois plus frustre. Les courriers que je reçois, souvent longs de plusieurs pages, n'en ont que plus de valeur. Ces lettres si touchantes de gens

1. Oui, pour rentrer de Corse, j'admets...

qui me remerciaient d'apporter du sourire, du rire dans leur existence, d'être une présence amie, chaleureuse. Je n'ai jeté aucun de ces courriers et j'ai répondu à tous, en tirant la langue parfois, sans trop savoir quoi dire, comment aider. Je sais que certains se sont sentis honorés de ma réponse (quelle horreur !). J'ai essayé de leur faire comprendre que c'était l'inverse : que c'était leur confiance qui m'honorait, que ce qu'ils me confiaient me touchait profondément.

Oui, définitivement, le public de Chérie FM fut très cher à mon cœur et c'est bien grâce à lui que cette radio reste celle qui me laisse parmi les meilleurs souvenirs.

Les célébrités, revenons-y toutefois… Le boulot le plus compliqué qui soit pour moi : interviewer une star. Pire : une starlette ! Comment ne pas se faire prendre au piège de la vedette qui devient ton amie, une heure durant, ta confidente, et ne pas exclure l'auditeur qui n'assiste plus qu'à un assaut d'amabilités dont il n'a que faire ? J'ai tenté de garder jusqu'au bout le vouvoiement. Les auditeurs ne tutoient pas les stars. Donc, moi non plus. C'est facile avec Aznavour, Sylvie Vartan ou Laurent Voulzy. Mais comment continuer à vouvoyer un Johnny qui vous tutoie depuis une heure, un Souchon, un Fugain, une Sanson, un Renaud… ? J'ai compris très vite que, si je voulais rester fidèle à mes propres principes, je devrais abandonner ces interviews avant de devenir « le gentil ami des stars » (qui se prend pour une star lui-même alors qu'il a juste bu un coup avec elles). Le piège est béant, en permanence : j'entends des jeunes confrères de radios locales s'y vautrer allègrement avec la jeune génération de chanteuses et chanteurs.

Mais ça reste compliqué avec ces gens qui sont souvent hors du commun, dotés d'un rapport complexe aux autres, d'une hyper-sensibilité, d'un besoin de reconnaissance. Je me souviens de ma surprise lors d'un spectacle de Bigard, que je devais recevoir aussitôt après. Comme je l'avais craint, je ris peu (à part pour le sketch de la Valise RTL, évidemment !). Pourtant, je suis séduit par son rapport à son public avec qui il est d'une grande gentillesse (point commun avec Marc Jolivet ou Didier Gustin), quand il est de bon ton pour tant de comiques de prendre une victime dans la salle.

Autre comédienne de grande classe, la délicieuse Muriel Robin. On a fait plusieurs émissions ensemble, à Europe 2 comme à Chérie. La dernière, à Rire & Chansons, fut surréaliste. Vincent, mon patron, avait eu l'excellente idée de me suggérer de lui faire interpréter du Audiard. J'ai encore la vidéo filmée par la promo du groupe où elle découvre en direct les dialogues du *Cave se Rebiffe* que nous allons interpréter tous les deux : je serai Blier, elle Gabin. Énorme !

À la fin de l'heure, je la remercie de sa venue et je fais sa promo quand elle me dit « C'est déjà fini ? ». Moi, interloqué : « Ben oui, on avait prévu une heure mais moi je suis toujours là, donc si tu veux rester… ». Et on fera une heure de plus, reprogrammée en urgence et en direct par l'équipe tellement cool de la petite radio du groupe.

Ces gens ne sont pas faciles à gérer mais, la plupart du temps, séduisants, hors du commun…

Et puis, il y a l'idée qu'on s'en fait ! Moi qui ai loupé Brel et Brassens, j'ai eu le bonheur d'avoir pour premier interviewé Gilles Vigneault. Bien oublié aujourd'hui, cet incroyable grand bonhomme était une star au Québec où il formait le trio de tête de la chanson à texte avec Félix Leclerc (le doyen) et Robert Charlebois (avec qui on a tellement rigolé par la suite). Gilles Vigneault, que j'ai interviewé et diffusé sur TSF quelques heures avant son spectacle à la Courneuve, a eu cette phrase magnifique : « Ce qui peut nous arriver de pire est de passer devant notre propre affiche et de se prendre la tête de la même taille. ».

Malgré tout, quand on sait qu'on va rencontrer Dutronc (pour Chérie FM) ou Polnareff (pour Europe 2), il y a une vraie pression…

Polnareff… Il vivait alors dans un palace parisien détruit depuis, aux frais de la maison de disques qui attendait qu'il produise enfin son nouvel album (« Ou qu'il meure. », *dixit* une attachée de presse). Pour la sortie de l'album *Good Bye Marylou*, c'est acté : il fera son *Programme de Star*. Mais à l'hôtel.

Il est 18 h, on est installés dans le piano-bar de l'hôtel privatisé pour nous. Il y a l'attachée de presse, Marc Garcia et moi. Dans mes mains un DAT, une de ces cochonneries qu'on a inventées au début de la numérisation en radio. Bref. On attend, il n'arrive pas. Vers 19 h, on appelle sa chambre. On le réveille. Il descend enfin, de mauvais poil, et commence par nous engueuler parce qu'on est début juillet, qu'il fait chaud et qu'on a ouvert la porte-fenêtre du piano-bar qui donne sur la petite courette interne, vide de tout consommateur, tout ayant été privatisé pour lui et nous. Mais non, lui il dit qu'il a froid, qu'il va mourir, texto. Donc on ferme.

On discute un peu : Michel est glacé, intimidé, et je suis trop impressionné pour réussir à le mettre à l'aise. On veut commencer l'interview mais le DAT ne veut rien savoir. « Donne, dit-il, j'ai le même là-haut, je sais ce qui se passe. » Et c'est lui qui fait la technique de sa propre interview. Ça le détend et on peut entrer en communication.

Fin de l'interview, il nous faut encore la petite promo d'antenne dans sa voix et quelques choix musicaux pour le *Top Album*, l'émission programmée juste avant et que j'anime aussi cette saison-là. Il a bien la liste de nos titres sous les yeux mais ne connaît pas ce qui passe. Du coup il me fredonne un air, que je ne reconnais pas. Alors il se lève et m'emmène jusqu'au piano. Il s'assied et joue, pour moi, un tube du moment, à l'oreille. Évidemment je reconnais tout de suite : je ne suis pas totalement sourd et c'est surtout un immense pianiste mais... Mais combien de fois dans ta vie tu auras Michel Polnareff en train de jouer du piano pour toi tout seul ? Alors je fais l'andouille et je mets un certain temps pour reconnaître, sous l'œil amusé de Marc qui doit commencer à connaître un peu mes ficelles. Eh, il ne les lira pas, ces lignes, Michel, alors je peux bien avouer cette petite entourloupe !

Le coup de la technique qui te rend service en plantant, trois fois j'y ai eu droit. Allez, quatre même, si un jean craqué peut être un incident technique... La première, c'était donc avec Polnareff, puis ça s'est reproduit chez Michel Sardou. C'était pour Chérie, là. On s'est pointés chez lui avec Coralie qui allait faire la technique et qui a, comme moi auparavant, cafouillé sur le DAT. Lui aussi avait le même appareil et en connaissait les pièges et là encore, ça a fini de détendre l'atmosphère, même si tout avait bien commencé car il nous avait accueillis très chaleureusement.

La troisième fois, on devait retrouver Jacques Dutronc[1] dans le bar d'un grand hôtel parisien. Coralie devait s'asseoir à côté de lui et tenir un micro sous son nez en faisant les niveaux pendant que je tenais l'autre. Personne ne l'avait prévenue de l'endroit où on allait et elle a eu un moment de gêne en voyant le Hilton choisi (disparu lui aussi depuis au profit d'une franchise bien moins brillante) et en me montrant son jean craqué au genou.

Dutronc, c'est pas le client facile. Tout le monde me l'avait dit. Sabot avait même pris un malin plaisir à me raconter plusieurs anecdotes d'interviews littéralement sabotées par Dutronc qui déteste ça, paraît-il, et avait mis ses intervieweurs extrêmement mal à l'aise.

Maintenant que je suis bien détendu, il faut y aller. On arrive, on se présente, on s'installe, Coralie essaye de ne pas trop plier la jambe mais… loupé, son genou apparaît, tel celui de Claire dans le film de Rohmer. Dutronc sourit d'une façon désarmante et passe un index délicat et presque tendre malgré sa grande timidité sur ledit genou en grommelant un peu gêné « C'est joli, ça ». Aujourd'hui encore je reste persuadé que c'est ce qui a détendu Dutronc qui s'est senti en famille, tranquille, et qui a beaucoup joué le jeu, s'est beaucoup livré,

1. Note pour les plus jeunes : Thomas Dutronc a un père qui a connu au moins la même gloire mais qui était beaucoup mais alors beaucoup beaucoup moins à l'aise avec les médias.

dans cette interview, surpris lui-même des terrains sur lesquels nous nous sommes aventurés devant le micro. Et dire que Coralie a oublié cette anecdote !

Oui, c'est fragile une bonne interview, ça tient à peu de choses... Celle de Jodie Foster, par exemple. Grand souvenir encore. Elle était installée dans un hôtel près des Champs-Elysées et chaque radio venait à son tour. Trente minutes par radio tout compris, entre le moment où on faisait connaissance et celui où on ressortait, matos rangé. J'y suis avec la fidèle Coralie, un peu intimidée.

À l'heure pile, Jodie a viré poliment les gens d'Europe 1 et elle vient nous chercher. On s'installe : câbles, micros, réglages, cinq bonnes minutes de passées et la discussion démarre. Elle fait la promo de *Week-end en famille*, film de commande qu'elle a réalisé. Pas un chef d'œuvre, mais une agréable comédie familiale avec Robert Downey Jr. et Holly Hunter. Au détour d'une discussion, Jodie me dit « C'est la deuxième fois seulement que je fais une comédie et... ». Elle s'arrête parce que, silencieusement, je secoue la tête et je tends trois doigts. Elle insiste, décontenancée : « Ben non, deux : avant il y a eu *Maverick*, c'est tout. » Moi, tranquille : « Et *Bugsy Malone*, alors, c'est quoi ? ». Elle bondit sur sa chaise : « Merde ! *Bugsy Malone* ! J'ai oublié *Bugsy Malone* ! J'ai raconté la même chose à tout le monde ! Vous l'avez vu, *Bugsy Malone* ? ». Là, si j'avais été un garçon totalement honnête, j'aurais répondu : « En fait pendant mes études d'audiovisuel, un jour, un de mes profs nous a dit : “Ce soir dans telle petite salle du quartier latin il y a le premier film d'un réalisateur formidable qui s'appelle Alan Parker et qu'on ne voit jamais alors que c'est une pépite absolue. Allez-y !" ». Oui, à la réflexion, j'aurais pu dire ça. Mais là, en fait, je me suis borné à répondre : « Bien sûr ! ». Eh, j'avais *bullshité* Polnareff, pourquoi pas Jodie Foster, hein ?

Et ce qu'il y a de formidable dans ce genre de petit jeu, c'est le retournement de pouvoir que ça induit. À partir de là, Jodie, elle a arrêté de regarder la pendule et j'ai mené l'interview que je voulais, pendant le temps que je désirais et c'est moi qui ai conclu le truc en faisant perfidement remarquer (sur l'air de « Oh là là cépabien ! ») qu'on avait débordé du temps imparti !

Quelques mauvaises surprises, donc, mais surtout d'excellentes finalement. Et des confidences qui partent et dont on se demande si on doit les garder, les rares fois où on n'est pas en direct…

Je pense à Aznavour à qui je demande pourquoi il chante certaines de ses chansons les plus connues aussi vite, et surtout comment il fait pour y arriver. Pourquoi ? Parce qu'il en a marre, dit-il, alors autant s'en débarrasser le plus vite possible. Et pour le comment, ce sera un bon verre de vieux Bordeaux avant d'entrer sur scène. Ça décrasserait les labiales… prétend-il. Ou Hallyday à qui je demanderai comment il travaille sa voix et me montrera son paquet de Gitanes.

Je pense aussi à Jane Birkin, la délicieuse branque de la chanson française. Foutraque, d'humeur pour le moins irrégulière, émotive, à fleur de peau, qui veut bien parler de Gainsbourg mais ne veut pas l'entendre (en tout cas rien de « sa » période : il faudra couper retours casques et enceintes dans le studio car elle risque de craquer en direct) et qui nous raconte l'anecdote de l'enregistrement de « Ex-fan des Sixties ». C'était un vendredi en fin de journée et ça ne marchait pas car elle n'arrivait pas à prendre le rythme de la chanson. « Serge s'énervait, explique-t-elle. Il me mettait des petites tapes derrière la tête pour que je prenne le tempo mais ça a fini par trop me stresser alors on a arrêté. Quand on a réessayé, entre temps, Elvis était mort et Serge l'a ajouté dans le texte. » Heureusement, elle nous donnera les détails complémentaires sur la manière dont il la traitait seulement hors antenne.

Conseil aux plus jeunes : ne jamais commencer une interview de Jane en lui demandant comment elle va. Ça ne va jamais ! Du moins de mon expérience. En revanche, la laisser exprimer son extravagance dans le cadre de son émission, c'est rock n'roll mais excitant ! Ainsi ce jour où je lui explique le principe du jeu du milieu de l'émission, et où elle me coupe en me disant qu'elle n'aime pas les jeux. « Pas grave, tu verras, ça va vite. », ce sera ma réponse avant de passer à autre chose. Quand l'échéance arrive, elle tire la tronche et… se prend au jeu. Pour constater en direct à la fin « Il est pas du tout pénible, ton jeu ! ». Mon jeu, non, mais son chien par contre, qui n'a pas arrêté de péter pendant toute l'émission… On l'a dénoncé aux auditeurs, d'ailleurs, parce qu'il n'y avait pas que l'odeur… !

Par moments, dans les interviews, les choses vous échappent et prennent une dimension inattendue. Je me souviens de Roger Hanin, à l'époque de sa série *Navarro*, venu promouvoir un obscur roman incompréhensible.

Il arrive à l'antenne juste après le flash. En Algérie, ce sont les années noires : un nouveau massacre vient d'être annoncé. Je le branche dessus. Il y a un long silence à l'antenne, lourd de l'émotion du pied-noir pris de court et une réponse pleine de chaleur, d'empathie, avant que je ne nous ramène vers plus de légèreté. À la fin de l'émission, il commencera par s'excuser d'avoir été séché par ma question puis me serrera dans ses bras avant de partir. Oui, on est sur une radio musicale, légère, superficielle, mais on vient tous d'entendre les infos, non ?

Il y aura des éclats de rire interminables avec Marc Jolivet et Alain Souchon, des connivences avec Jean-Jacques Goldman toujours là pour la promo des Restos du Cœur mais qui refuse de faire celle de ses albums, de la philosophie avec Laurent Voulzy qui passera (sur Chérie FM !) du « Pouvoir des fleurs » à la mécanique quantique, des concours de calembours avec Philippe Lavil, et ce magnifique éclat de rire de Sylvie Vartan quand je lui dirai : « Vous faites aussi carrière au Japon… ». Non, m'expliquera-t-elle, elle a fait quelques récitals au Japon, c'est tout : toujours se méfier de ceux qui prétendent continuer une magnifique carrière au bout du monde, c'est rarement vrai.

Ah et puis il y a eu Françoise Hardy. C'est un peu plus tard, ça. On va faire une série modules quotidiens qu'on ira enregistrer chez elle, avec Fred, 29 ans, mon nouveau réalisateur depuis que Coralie s'est imaginée qu'elle pouvait s'amuser à la radio ailleurs, et sans nous. Là encore, ne connaissant pas « La Grande » comme l'appelle toujours Jean-Marie Périer, je ne savais pas à quoi m'attendre. En tout cas pas à être reçu par cette grande jeune fille aux cheveux déjà presque entièrement blancs, toujours d'une séduction et d'une simplicité incroyables. Installer les micros, l'enregistreur, en la voyant verser l'eau dans la théière du salon sombre de sa maison du XIVe arrondissement, c'est une image exceptionnelle. Et puis, tandis qu'on survole sa carrière, sa vie, qu'elle évoque son fils, l'entendre parler de ses problèmes d'argent et nous montrer du menton une porte close (« J'peux pas passer mon temps à l'entretenir, moi ! ») et comprendre que c'est celle de la chambre où Dutronc est enfermé, dans le noir quasi-total depuis des semaines, dans l'attente d'un nouveau rôle... J'ai dû laisser ça au montage, mon patron n'attendait que ça !

Chérie FM, à l'époque, c'est beaucoup de directs à l'extérieur. J'ai parlé de relancement de la radio, du seul « cow-boy » maison que je suis désormais (Alexandre Debanne finalement n'est pas resté, dommage pour nous). Parce qu'il faut faire des « opés », se faire remarquer, l'antenne se déplace. Notamment pour les Premières de nos artistes. Je serai ainsi tout un après-midi en direct du foyer des artistes du Casino de Paris avec Michel Fugain, ou dans la loge de l'Olympia de Michel Sardou qui y a élu domicile pour six mois de show quotidien avant la fermeture du mythique music-hall et sa reconstruction à l'identique vingt mètres plus loin. Trois heures de direct avec les musiciens, l'éclairagiste (c'est la grande période de Jacques Rouveyrollis que les chanteurs s'arrachent), l'ingénieur du son, la compagne de l'artiste, sa fille (ah, l'adorable Marie Fugain, 16 ans, qui se plante devant moi et me déclare

« Avec maman, on vous adore ! »), Jean-Michel Boris, intarissable conteur de la chanson française qui me dira, les larmes aux yeux, qu'il n'a pas vécu ça depuis l'époque de *Musicorama*, feue la fameuse émission d'Europe 1. Direct durant trois heures dans l'après-midi et retour de nouveau en direct pour la diffusion des deux premiers titres du lever de rideau après un dernier bout d'interview en bord de scène.

Un soir, entre les répétitions, notre direct de l'après-midi et le lever de rideau de 20 h 30, alors que l'équipe se repose et s'offre un encas, je m'aventure seul sur la scène. Elle est à peine éclairée, la salle est dans la pénombre. C'est l'Olympia, l'ancien, qu'on va détruire, le vrai, le mythique. Ils sont encore là, tous les grands qui ont chanté ici à l'époque de Bruno Cocatrix, leur présence est palpable. Je ressens Brel à côté de moi, créant « Amsterdam » … Petit moment de mystique personnelle, ridicule peut-être. J'assume.

À cette époque, toujours pour attirer les auditeurs, le groupe NRJ utilise ses échanges-marchandises avec certains journaux de la presse quotidienne (qui se vend encore bien) pour utiliser des quarts voire des moitiés de pages afin de faire la pub de mes interviews. « Remy Jounin reçoit… » Ça, les potes de NRJ ne comprennent pas bien. Parce qu'à leur étage, c'est « NRJ reçoit… ». Mais on s'entend bien quand même. Et la synergie de groupe fonctionne bien. Ainsi un soir de fête de la Musique, place de la République où NRJ installe traditionnellement un grand podium, nous sommes en backstage sur une estrade où un studio sert alternativement à NRJ (c'est mon pote Éric Jean-Jean qui reçoit) et Chérie (où c'est toujours mon rôle). En fonction des arrivées des VIP, elles sont pour lui et NRJ, pour moi et Chérie, voire pour les deux. Ainsi, aussi bien Jack Lang que Bernard Lavilliers devront s'acquitter des deux exercices à la suite.

Et quel plaisir de travailler avec des gens qu'on apprécie ! Éric me parle de son trac car il va devoir, plus tard dans la journée, interviewer James Brown, qui se repose actuellement dans le palace sur la place juste derrière nous. Il me montre la liste de questions qui l'attend dans son sac, dont il a revérifié dix fois l'anglais. Et, quelques minutes plus tard, alors qu'il est à l'antenne et que je suis au pied du podium, je suis bousculé sans ménagement par une armée de vigiles échappés d'un thriller américain. Au milieu d'eux, la légende elle-même : James Brown arrive, dépoitraillé, cheveux lissés brillants. L'interview sera tout de suite ou pas du tout, ainsi en a-t-il décidé. Il s'approche du podium, je surveille Éric, toujours en direct, qui blêmit, annonce l'arrivée de la star et enchaîne l'interview, sans pouvoir sortir ses notes. Il questionne, traduit ses questions, les réponses. Il assure comme un chef. C'est mon pote, et j'admire, sans réserve. Pas de mystère : quand on a aussi bien préparé que lui, l'impro, ça marche.

Ce qu'il y a de formidable avec les interviews, c'est qu'on ne sait jamais ce qui va se passer. Surtout si, comme moi au début, on n'a jamais rencontré les vedettes en question. Il faudra s'adapter à tout : au cadre (on n'est pas toujours dans le cocon douillet de son studio. En clair : on ne joue pas toujours à domicile.), à l'envie de l'autre, à ses humeurs (Higelin : c'est magique… ou ça pique !), à des enjeux qui nous dépassent parfois (je pense à une Valérie Lemercier persuadée d'avoir tourné dans « une merde » et qui voulait que je confirme), piégé dans la séduction plus ou moins appuyée de l'autre (de celle totalement involontaire de Françoise Hardy à celle, plus intéressée, d'une Catherine Lara), voire des invités qui considèrent l'émission comme une récréation. Ainsi Philippe Noiret et Gérard Jugnot, rencontrés pour le dernier film de Gérard Oury, sont-ils en roue libre et font-ils un concours pour répondre n'importe quelle ânerie à la moindre de mes questions, très gentiment au demeurant. Il y a parfois la satisfaction de la question qui sèche, celle que personne n'a posée, que l'invité n'attendait pas et qui le plonge lui-même dans un abîme de perplexité. Snobisme de ma part ? Vacuité ? Tant pis, c'est drôle de demander à Gérard Jugnot ce que Patrice Lecomte (réalisateur notamment de *Tandem* et des *Grands Ducs*) a contre les chauves. Là, Gérard arrête de faire l'andouille et admet qu'il ne sait pas pourquoi il a dû porter une perruque dans *Tandem*, et encore moins pourquoi on en a fait porter une à Michel Blanc dans *Les Grands Ducs*. Ce moment de perplexité, hors des normes de la promo, du service après-vente, est particulièrement réjouissant.

Puisqu'on parle de *Tandem*, les fans de cinéma et de radio se rappellent sans doute que ce film est largement inspiré du célébrissime *Jeu des Mille francs* de France Inter, animé alors par Lucien Jeunesse. Je peux confirmer qu'il avait un peu mal pris le propos de ce film, pourtant très tendre, pour en avoir discuté avec lui quelques minutes avant l'enregistrement de son émission à Montreuil, alors que je libérais les lieux après un direct sur TSF. D'un balcon où le public ne nous voyait pas, Lucien, légèrement désabusé, me montrait son public en train de s'installer en me nommant certaines personnes par leur prénom et pouvant même citer la dernière ville où il les avait croisées.

J'ai aussi le souvenir d'une émission en direct avec trois invités : Elie Chouraki, réalisateur des *Menteurs*, et ses deux vedettes, Jean-Hugues Anglade, somptueux, délicat, et Valeria Bruni-Tedeschi dont le rire est éminemment séduisant et tellement mais alors tellement communicatif ! Durant toute l'émission, Chouraki et Anglade n'ont cherché qu'à la faire rire, encore et toujours, en prenant à témoin les auditeurs de la qualité de ce rire. Pour le coup, je crois que ce sont eux qui ont fait l'émission.

Oui, comme avec Sardou, Polnareff ou Jodie Foster, il y a parfois de la chance pour la crapule, et j'ai été bien servi dans mes interviews.

J'ai gardé pour la fin mon anecdote favorite, la belle histoire de Noël que je ne perds pas une occasion de raconter.

Mon interview hebdomadaire est toujours négociée par l'excellent directeur d'antenne de Chérie, Laurent Thibault. Cette fois, il me prévient que je devrai être remplacé à l'antenne deux jours plus tard car c'est le seul créneau pour aller interviewer chez lui… Johnny Hallyday.

Pour ma part, je ne suis pas fan de Johnny. Je n'ai jamais assisté à aucun de ses concerts et je ne connais pas bien le personnage. Mais je ne suis pas plus bête qu'un autre et je sais reconnaître le boss de la chanson française. Johnny, fatigué, vient de sortir l'album *Lorada*[1]. Il n'a accepté que peu d'interviews et seulement chez lui, pour cinq ou six radios, dont Chérie FM, parce qu'il y a le poids d'NRJ derrière, ne nous leurrons pas.

Il habite alors une maison cachée derrière les grilles de la Villa Molitor, dans le 16e arrondissement, à quelques dizaines de mètres de la rue Boileau où nous allons nous installer très prochainement pour quitter enfin nos locaux définitivement à l'abandon (Jean-Paul ne tient pas à faire le ménage les derniers mois dans des locaux qu'il abandonne et les derniers locataires vont ressembler à des squatters, mais c'est une autre histoire).

À l'heure dite, nous arrivons chez Johnny. La gouvernante nous installe dans le jardin. Coralie installe un micro sur un pied devant la chaise de l'idole qui termine sa sieste, un autre devant moi, et elle se pose à mes côtés. Johnny arrive et sourit. Ah, le sourire de Johnny ! Rares sont les stars qui sourient comme lui, avec une telle vérité. Il avait aussi l'habitude, quand il entrait dans une pièce, un studio, de faire le tour et de serrer la main de chacun avec un vrai regard appuyé de ces yeux si particuliers et son vrai sourire. Évidemment, nous sommes immédiatement conquis. Il s'installe en face de nous et l'interview commence. Il joue le jeu, avec nonchalance et gentillesse, tout va bien et je suis sur le point de me détendre.

Quand, soudain… Coralie, assise à côté de moi, je l'ai dit, me tape discrètement sur la cuisse. Je reste

1. Pas le plus mauvais au demeurant : on y trouve le titre magnifique « Quand le masque tombe ».

impassible, ne voulant pas me déconcentrer. J'ai oublié de préciser que je n'ai jamais de liste de questions devant moi. Je lance des pistes et j'attends de voir où ça me mène. Chaque réponse contient la question suivante. « Donc si tu viens me déconcentrer, tu me mets dans le caca, tu le sais, ça Coralie, qu'est-ce qui te prend ? » (c'est ce que je hurle à l'intérieur). Elle insiste, je tourne la tête vers elle : elle est verte. Allons bon, elle va faire un malaise ? « Remy, le DAT, y'a plus d'batterie ! »

Là, je vais demander à l'éditeur de laisser un peu de blanc pour que le lecteur puisse lui-même dessiner le symbole le plus dramatique qu'il connaisse. Pas un pauvre smiley tristouille. Non, plutôt genre corde, gibet, échafaud, bombe, tête de mort, explosion nucléaire…

Je repense avec une haine rarement ressentie à ma demande réitérée la veille de bien vérifier la charge de la batterie, j'envisage quelques châtiments raffinés, de ceux qui durent longtemps, longtemps… et je regarde, désespéré, l'écran totalement éteint de cette saloperie de DAT (je vous ai dit combien je détestais cet engin ?). Johnny s'en mêle, cherche si on peut mettre des piles, un adaptateur, demande à sa gouvernante si « on a une batterie comme ça à la maison ? ». Il a pitié de moi, c'est évident. C'est le pire cauchemar pour un animateur. L'attachée de presse de Mercury finit par me suggérer de récupérer l'interview que Johnny a donnée à NRJ en mettant ma voix sur les questions. Je m'y résous, en me disant que ce qu'on a sur la bande suffira pour la promo de l'émission et on commence à ranger le matos, le moral dans les chaussettes quand Johnny me demande : « Elle est quand, ton émission ? ». Moi, incrédule, qui ne veux pas me laisser aller à croire à ce que je commence à vouloir croire : « Demain… ». « Et c'est où ? À quelle heure ? », ajoute-t-il. Moi (qui commence à me laisser aller à y croire quand même alors que ce n'est pas raisonnable…) : « Avenue d'Iéna, pas loin… À 17 h. ». « Bah je vais venir, s'exclame Johnny, en se tournant vers l'attachée de presse. On a une réunion vers 15 h, on y va après, hein ? ». Là je peux, normalement, mais c'est tout juste si j'y crois !

Je me confonds en remerciements et on le quitte. Je n'ai pas baisé ses pantoufles mais c'est juste parce qu'il ne voulait pas, en fait. On sort juste après un dernier *deal* avec la maison de disques : ne pas dire que c'est en direct. À personne. Y compris sur place, à la radio. Parce que quand on sait qu'il va quelque part, les fans s'agglutinent, ça tourne à la bousculade, voire pire, et ça le dérange, à force. Du coup, c'est pour ça qu'on devait venir. D'ailleurs, elle le lui a rappelé à Johnny qu'il ne voulait pas sortir pour cette promo. Et lui, adorable, qui répétait à mon sujet : « Oui mais là, il est lâché par la technique ! ».

On est donc rentrés à la radio, surexcités par la montée d'adrénaline. Je me souviens que Laurent Thibault a été surpris de nous voir rentrer si tôt. J'ai donc expliqué le drame, le magnéto mort, et je suis sorti du bureau en disant qu'on allait se débrouiller avec le peu qu'on avait pour faire la promo … (silence pour faire mariner un peu le chef avant d'ajouter) parce que, pour l'émission elle-même, Johnny viendrait en direct. « Même pas drôle ! » a braillé Laurent. Là, je suis revenu sur mes pas, j'ai fermé la porte derrière moi et je lui ai raconté. Je crois qu'il se demande encore comment j'ai fait. Or, je n'ai rien fait. Rien du tout. Car, comme l'a justement dit Max Guazzini le lendemain en accueillant Johnny : « Toi, tu es le plus grand parce que tu fais des trucs comme ça. ». Grand, non ? Vous en voulez encore ? D'accord. Ça tombe bien, il y a une suite.

Comme prévu, j'avais mis le minimum de gens dans la confidence. Certains se demandaient bien où pouvait être l'interview que j'allais diffuser à 17 h puisque personne n'avait été chargé de la produire, de la dérusher ou de la monter. À l'époque, mon interview commençait après le flash de 17 h et j'avais l'habitude, un peu désabusé, de voir certains invités arriver au tout dernier moment, cornaqués par leur attachée de presse sans qui ils n'auraient pu se déplacer, se payer un taxi, voire trouver des toilettes. Et là ? Point du tout. Vers 16 h 25, j'ai aperçu, par la vitre qui séparait mon studio du bureau d'accueil, Johnny entrer presque timidement et je jure que, tandis qu'il frappait à la porte ouverte devant une programmatrice bouche bée et un directeur d'antenne abasourdi, j'ai lu sur ses lèvres « Je suis en avance, je ne dérange pas ? ». Nous étions en plein disque, j'ai bondi pour l'accueillir, le remercier encore… et lui procurer une chaise propre et non bancale, denrée devenue quasiment introuvable dans nos locaux ambiance post-apocalypse nucléaire. Et lui d'expliquer qu'il avait eu peur « d'être pris dans le trafic », qu'il avait pris un taxi et était venu directement après sa réunion. La tête de l'attachée de presse qui arrivera toute seule en courant quinze bonnes minutes plus tard…!

J'ai écrit plus haut que je n'étais pas fan de Johnny, hein ? Oui. Mais ça c'était avant !

13

On déménage

Jean-Paul Baudecroux a donc fait construire un superbe immeuble rue Boileau où vont s'installer les trois antennes radios du groupe (et bientôt quatre quand Nostalgie rejoindra la bande). Chérie sera la première à essuyer les plâtres. Le studio de Chérie sera longtemps le plus beau du groupe. Parce que situé au dernier étage avec une vue magnifique sur le soleil qui se lève derrière la Tour Eiffel.

Techniquement, c'est un foutoir sans nom : on a voulu un étage tout en vitres et le traitement de son n'a pas suivi. Dès qu'on ouvre deux micros, c'est un son de bocal épouvantable. Ça tourne, ça réverbère dans tous les sens, c'est difficilement audible. Ma première interview (Paolo Conte, déjà pas le client le plus joyeux) en fera les frais. La bonne ambiance est restée avenue d'Iéna, et le groupe est victime de tensions, sans doute dues aux frais du déménagement et à des recrutements hasardeux du côté des cadres[1]. On est mieux installés mais on s'amuse moins. Des caméras apparaissent dans les couloirs, des tourniquets à l'entrée. On ira jusqu'à installer des lecteurs d'empreintes digitales. Je refuserai jusqu'au bout de les utiliser. Serait-ce de l'outrecuidance que de prétendre qu'on les a désinstallées par ma faute ? Je ne l'ai jamais su.

Heureusement, les amitiés, aussi indestructibles qu'imprévues, ne faiblissent pas. Bruno Gilbert, avec qui l'éloignement n'entame pas la complicité profonde, et aussi Frédéric Ferrer, alors mon « ennemi » préféré. Pendant que je fais le 16/19 de Chérie, lui est sur celui d'Europe 2, et nous sommes en concurrence frontale. Heureusement, l'amitié est là, solide, et nos lectures comparées des sondages et des quarts d'heure moyens se font en tranquillité car il n'y a pas de honte à céder du terrain devant quelqu'un qu'on apprécie. Nous avons donc pris l'habitude de nous appeler quand tombent les carnets de notes, pour comparer nos résultats.

Il y a ce jour aussi où, de retour de vacances, alors qu'on m'a promis un nouveau contrat de saison, je me retrouve avec un CDD d'un mois. Mécontent de moi, trouvant que je m'endors un peu sur ma technique, que je manque d'inventivité (tous points sur lesquels il ne peut qu'avoir raison à ce moment), Christophe Sabot a décidé de me remettre à l'essai. À moi de mériter mon nouveau contrat. J'appelle Fred pour pleurer dans sa cour. Et là où j'attendais une épaule compatissante, j'entends mon

1. Heureusement, Jean-Paul Baudecroux sait reconnaître ce genre d'erreurs et le cadre qui a planté une bonne partie de ce déménagement sera atomisé dans les dix-huit secondes qui suivront la prise de conscience de JPB…

camarade me répondre : « Il n'a pas tort, t'es pas bon en ce moment. Alors ferme ta grande bouche et bosse. ». Le double effet Kiss Cool... La petite claque en plus... La marque de l'amitié, aussi. Je l'ai écouté, j'ai décroché mon contrat et vérifié en qui je pouvais avoir vraiment confiance. Parce que ceux qui vous trouvent formidables en face et vous savonnent la planche dans le dos, on les trouve bien plus souvent, notre métier en est un redoutable vivier !

Chérie est une bonne maison et, soyons honnête, je suis plutôt bien payé pour ce que j'ai à faire. Pourtant, je piaffe toujours car je n'ai pas abandonné l'envie d'arriver sur RTL. Et Chérie est sûrement un très bon boulevard pour s'en faire remarquer. Finalement, un jour, le coup de fil espéré finit par arriver. Alain Tibolla, directeur des variétés, a un contrat d'été pour moi. Et quel contrat ! *Duel au Soleil* les après-midis de semaine et *Stop ou Encore* le week-end.

Problème : cette mission débute quelques semaines avant la fin de mon contrat de saison à Chérie. Je m'en ouvre immédiatement à Christophe Sabot en lui disant que je comprendrais qu'il le prenne mal mais que j'attends ça depuis trop longtemps pour le laisser passer et que s'il faut aller perdre un procès, je le ferai. « Non, non, me répond Christophe, tu veux vivre cette aventure, vas-y. Simplement s'ils ne te gardent pas, je suis le premier que tu rappelles. » Et le lendemain, c'est Marc Pallain, le Directeur Général, qui m'apporte en studio un avenant à mon contrat qui me laisse même une petite semaine de vacances pour me reposer avant de commencer RTL en forme. Merci messeigneurs !

Voilà. Seize ans après ma maquette avec Jean-Claude Bouvet, seize ans après que Henri Agogué m'a envoyé « apprendre [mon] métier sur la FM », deux ans après avoir commencé les promos d'antenne avec Gaya Bécaud, je vais donc enfin être animateur sur RTL. J'attaquerai par le *Stop ou Encore*, énorme institution, par laquelle sont passés les plus grands. J'y remplace durant ses vacances Julien Lepers, en délicatesse avec la direction de l'époque. Avant de prendre l'antenne, on m'a demandé d'assister à l'une de ses émissions. Ce sera mon bizutage rue Bayard. Julien me fait du grand Julien, mais ni lui ni moi n'en profitons réellement. Il faudra qu'on se recroise des années plus tard sur *Intervilles* pour qu'on sympathise enfin et, me dira-t-il, que je le réconcilie avec RTL.

Je rencontre à plusieurs reprises Alain Tibolla, directeur des variétés. Homme d'une grande élégance, souriant mais distant, seul patron avec qui le vouvoiement restera de rigueur jusqu'au bout. J'apprécie son humour nonchalant, sa décontraction. Quand je le rencontre, il m'explique son propre contentement d'être à RTL où il peut quitter son bureau sans risque de se le faire piquer, dit-il, contrairement à Radio France, où il devait « installer une poupée gonflable à son bureau pour garder sa place » … ! Il me présente l'éphémère DG de l'époque (celui de l'accident industriel Bouvard). Un type très désagréable qui me dira simplement « Alors vous allez remplacer Lepers ? Bah, ça peut pas être pire ! ». J'ai détesté cette réflexion car je n'étais que le remplaçant venu de l'extérieur et appelé à y retourner. J'ai trouvé ça profondément déplacé. Remarquons au passage que

Julien, avec sa folie, ses outrances, mais aussi son impressionnant métier, a continué une brillante carrière dans les médias bien longtemps après que ce type n'a plus été qu'un mauvais souvenir. On m'a dit plus tard qu'il était un maladroit fusible, dont acte.

Parlons un instant de Julien Lepers : il mériterait un chapitre à lui tout seul…

Pour ce premier tour de piste à RTL, je dois donc – entre autres – le remplacer sur le *Stop ou Encore*, l'énorme, le mythique *Stop ou Encore*, qui durait à l'époque de 9 h 15 à 13 h chaque samedi et dimanche.

Alain Tibolla m'a demandé de passer une matinée en studio pour découvrir la mécanique. Comme si je ne la connaissais pas depuis ma plus tendre enfance ! En fait, j'imagine qu'il compte bien aussi me présenter à Julien, pour tenter de déminer par avance un éventuel conflit. Pour des raisons qui ne me regardent en rien, c'est son histoire, pas la mienne, l'ambiance entre ce dernier et la direction est médiocre, à cette époque. Des légendes courent dans la maison sur les tensions qu'il y aurait entre lui et certains réalisateurs. Mais là, il travaille avec Alain Page, l'empereur de la coolitude.

Juste avant de faire la connaissance du personnage, je suis prévenu : ne jamais lui adresser la parole, simplement lui répondre. Je crois que, sur le moment, je n'ai pas compris cette consigne, comme si la phrase ne faisait pas sens[1]. Julien arrive, fait son grand numéro habituel : « Comment vas-tu Alain ? Est-ce que tu vas bien ? Est-ce que tu es heureux ? Est-ce que tu me trouves

1. Je savais bien que j'arriverai à placer cette formule si chère à certains producteurs de France Culture…

beau physiquement ? », etc. C'est surprenant. Mais on s'y fait et ça peut devenir hilarant sur la durée. Alain m'introduit. Julien est tout à la fois charmant, il ne peut jamais s'empêcher d'être séducteur, mais aussi sur la défensive : « Toujours se méfier des remplaçants : ils veulent votre place ! ». Dit avec un grand sourire, mais sincèrement. Et j'ai, sincèrement, dû répondre un truc du genre : « Quand le temps sera venu, avec plaisir ! ».

L'émission commence, en douceur, avec une star qui n'en fait qu'à sa tête et Alain qui, toujours aussi flegmatique que Droopy, joue ses instrus en attendant que Julien s'y mette. C'est cool, peinard, pas plus compliqué qu'une tranche de la même heure sur une radio musicale. Beaucoup plus simple en fait puisqu'il y a réalisateur et standardiste. L'émission avance, les compteurs tournent, les *Encore*, les *Stop*… Soudain, Julien se tourne vers moi : « Remy, qu'est-ce que vous pensez de moi, comme animateur ? ». Moi, (apparemment) pas démonté : « À la maison, on est tous fans de *Questions pour un Champion* ». Ma réponse semble lui aller, micro suivant, enchaînements, pages de pubs, lancement d'info, Julien m'a (nous a) oublié(s). Il est plongé dans son journal et n'en émerge que pour des micros un peu trop longs sans doute par rapport à la demande directoriale. Et soudain, il interpelle Alain : « Tu as vu, Alain, comme Remy est fin : quand je lui ai demandé ce qu'il pensait de moi, il m'a répondu sur *Questions*… Il faudra que je lui dise… ». Là, j'essaye d'intervenir mais j'ai oublié la consigne : ne pas lui parler quand il ne te parle pas, il ne t'entend pas. J'insiste quand même (j'ai déjà démontré que je suis un garçon têtu) : « Julien, Julien ! Je suis toujours là ! ». J'ai levé le ton, il sursaute et son regard se pose sur moi. Par miracle, je réapparais ! Il enchaîne directement « Ah Remy, je voulais te dire… ». J'ai un peu oublié quoi, j'avoue, tellement désarçonné par l'ambiance ubuesque qu'il faisait régner autour de lui.

Quelques années plus tard, ayant le privilège d'assister en invité aux premiers *Intervilles* qu'il animera sur France 3 avec Tex, Nathalie Simon et Vanessa Dolmen, je le recroiserai. Me présentant à nouveau à lui, je lui relate les circonstances de notre première rencontre et c'est là qu'il me dira que ses rapports avec RTL étant mauvais à l'époque, il n'était peut-être pas très accessible. Quelques semaines plus tard, il me dira m'avoir écouté (j'anime cet été-là les petits matins du week-end) et me déclarera l'avoir « réconcilié avec RTL ». Quel plus beau compliment peut-on rêver ?

Julien, fantasque, en représentation permanente, séducteur invétéré, mais aussi personnage d'une grande délicatesse et toujours bien au-delà du second degré (8e ou 9e, minimum !) dont on ne peut qu'admirer le professionnalisme en ne prenant surtout jamais au sérieux ses numéros. Ne pas oublier l'énorme cote de popularité dont il bénéficie auprès d'un public qui le respecte depuis tant d'années. Dans la piscine de l'hôtel, un vacancier a failli se noyer, tellement sa bouche s'est ouverte comme celle d'un personnage de dessin animé quand il a constaté qu'il nageait à côté de la star de Questions pour un champion ! Encore une de ces personnalités énormes qui a laissé la place à des gens « normaux ». C'est le sens de l'histoire, j'imagine…

Revenons à mon premier été sur RTL, attendu depuis tant d'années !

Alain Tibolla me donne quelques consignes et me laisse libre d'être moi-même. Le samedi arrive enfin : la grille d'été démarre. Dans quelques heures, je suis enfin sur RTL. La patience a payé.

Je suis dans le studio, à l'étage, avec Alain Page, titulaire, je l'ai dit, du diplôme d'homme le plus cool du monde. Il termine ses préparatifs tandis que je suis plongé dans la liste des différents *Stop ou Encore* prévus. Pas de conducteur, à l'époque : les réalisateurs dirigent l'émission au feeling. Alain me guidera au fur et à mesure comme il le fait d'ordinaire avec Julien.

9 h, les trompettes du Top Horaire retentissent, c'est le journal. Dans quinze minutes, c'est à moi. Je sais que j'ai repensé à mon premier *Europe Stop* quand, devant la Gare d'Angoulême où je venais de descendre du TGV dans lequel j'avais fini par m'endormir, le technicien m'avait alpagué à peine réveillé pour le premier direct. Dans mon casque, avec le son grésillant des Ondes Longues (surtout pas la FM à cause du décalage satellite), j'avais entendu Maryse, l'iconique Maryse, me lancer comme si elle m'avait toujours connu (alors qu'on n'avait jamais eu encore l'occasion de se rencontrer).

Là aussi, dans quelques minutes, le journaliste (est-ce déjà Bernard Poirette ? Je ne sais plus.) va m'annoncer, accoler mon nom au *Stop ou Encore*. Je sens l'adrénaline qui monte. Je suis prêt.

Les minutes s'écoulent et, sur l'écran qui me montre le journaliste, je le vois qui met de l'ordre dans ses papiers car le *9 heures* touche à sa fin et là, sans prévenir, le trac, immense, m'envahit. Pourquoi ? Pas idée. Pas mon genre, généralement, le trac. Le gamin trop timide que j'ai été est depuis longtemps collé au sol avec la semelle du grande-gueule casse-bonbons, que je suis devenu, posé sur la glotte. Garcia, lors d'une de nos mémorables engueulades, ne m'avait-il pas hurlé : « Heureusement que t'as du talent, sinon tu s'rais qu'un emmerdeur qui cherche du boulot ! » ?

Bref, je fouette violemment, j'ai les foies, les chocottes. Et je démarre. Ça marche, je fais le job. Pas de blanc, pas de trous, je cadre mes intros. Mais c'est plat, sans intérêt, naze !

D'ailleurs, vers 11 h, c'est le directeur de production (je crois que c'est le titre qu'on donnait à RTL à ce qu'on appellerait ailleurs un directeur d'antenne) qui m'appelle. Claude Hemmer est gentil, bienveillant, mais ferme. En substance, il me dit qu'il comprend que je sois impressionné tout ça mais que bon, là, ça fait deux heures que je suis à l'antenne et qu'il aimerait bien entendre vraiment le son de ma voix !

Résultat ?

Résultat : à 13 h, quand j'ai conclu mon tout premier *Stop ou Encore* et lancé le journal de la mi-journée, c'est Alain Tibolla qui m'a appelé à son tour : « Remy, au début, c'était mollasson, mais à partir de 11 h, là, ça a commencé à être bien ! ». Il paraît qu'ils ne s'étaient pas donné le mot, les deux. Pourtant, bien huilé, le sketch, non ? Alain, le réalisateur, a eu le dernier mot. Quand je lui ai rapporté les propos de Tibolla, il m'a dit : « Oui, ça correspond au moment où tu as commencé à mettre les pieds sur la table. Là, je me suis dit que c'était bon ! ».

Sauf qu'il est 13 h, que c'est déjà fini pour aujourd'hui et qu'il faut attendre le lendemain à 9 h 15 pour remettre ça. Et là, surprise : la programmatrice de l'émission, qui a eu la gentillesse de me laisser un tour de chauffe la veille, me fait attaquer l'émission par un *Stop ou Encore*… de Herbert Léonard ! Vous me voyez venir ? Bon, je précise. Les premiers titres programmés sont « Pour le Plaisir » et « Amoureux fous » (duo avec Julie Piétri). Et qui a composé ces chansons ? Bien sûr : Julien ! Je me souviens avoir annoncé à l'antenne que ce n'était même pas la peine d'appeler sur le numéro des Stop parce que « je n'en tiendrais aucun compte. Deuxième jour à RTL, déjà prêt à truander ! C'est que je ne veux pas d'embrouilles avec le taulier, moi ! ».

À la fin de *Pour le Plaisir*, Julien appelle le studio et il déclare tout sourire : « C'était une bonne chanson ». J'ai constaté plus tard que c'est un peu son gimmick ! Rassuré, il peut partir en vacances. Rassuré aussi, je peux continuer l'émission à ma façon, sans sentir sa présence autour de moi. On va se détendre.

Ce sera un été magique : durant cinq semaines, je suis sur place sept jours sur sept. À l'antenne l'après-midi dans la semaine, la matinée le week-end. Comme à Europe une décennie plus tôt, je suis chez moi, de l'autre côté de l'avenue Montaigne, simplement.

L'autre grand moment de mes matinées de week-end, c'est *La Valise RTL*. L'exercice mythique de l'antenne (seul sketch amusant de Jean-Marie Bigard, comme je l'ai déjà dit au plus tôt, juste parce qu'il est totalement réaliste), celui que Drucker ou Fabrice ont immortalisé dans des moments formidables. *La Valise* a ça d'extraordinaire que c'est le seul jeu radiophonique auquel les auditeurs ne se sont pas préinscrits. On se met en danger puisqu'on appelle tout le monde, n'importe qui, y compris la dame qui me répondra « Oh moi monsieur, je ne suis pas du genre à rester assise à côté de mon téléphone pour jouer à des jeux idiots ! ». À qui j'ai répondu que j'étais bien d'accord avec elle mais que je pourrais faire une entorse à mes principes vu la somme en jeu, « bonne journée madame ». Dans les archives de RTL, la plus grosse *Valise* jamais tombée, c'est moi qui l'ai offerte (même si Fabrice, un jour de folie, aurait explosé les compteurs et offert encore plus, mais en trichant !).

Europe Stop : check depuis quelques années.

Valise RTL : check aussi. Deuxième case essentielle de mon parcours.

À cette époque, peut-être pas dès le premier été mais rapidement tout de même, je ressens une sorte de vertige : depuis ma plus tendre enfance, je rêvais de travailler sur Europe 1 et (encore plus) sur RTL. En blaguant, je m'étais fait la réflexion que j'avais été sur Europe 1 avant 30 ans, sur RTL avant 40 ans, qu'il ne me restait plus qu'à être sur Nostalgie ou Radio Montmartre avant 50. En fait, surtout, que me reste-t-il à rêver désormais ? J'ai très vite compris qu'il n'y aurait jamais de place pour moi dans la grille annuelle de RTL. Alain Tibolla a été très clair là-dessus : que du *Vu à la Télé*.

Et moi, l'un des rares de ma génération sans doute, la télé ne m'attire pas. Étudiant, j'ai été diplômé de l'ESRA[1]

1. École Supérieure de Réalisation Audiovisuelle.

où j'ai adoré la réalisation audiovisuelle. Parce qu'il fallait bien y passer, j'ai animé un petit talk-show, qui a obtenu un vrai succès parmi les étudiants, alors que je l'avais pensé comme une parodie. Un truc superficiel, à mi-chemin entre les premières productions de Bouvard et les futures d'Ardisson, émission tournée dans les toilettes de l'ESRA où je faisais sortir les invités des cabines, pour les y renvoyer à ma guise à la fin de leur tour de piste. Je crois que je m'étais dit que c'était trop facile tout ça, truqueur et un peu mesquin, aussi. Le succès de l'exercice auprès des autres étudiants m'avait laissé un goût amer. La radio n'a pas ce côté superficiel : les vrais animateurs, ceux qui accompagnent vraiment leurs auditeurs, en les réveillant le matin, en les accompagnant sur la route de nuit, ont une autre épaisseur, une authenticité dans leur propre mise en scène. Ce n'est peut-être pas pour rien qu'on m'a finalement toujours remis dans cette case de *morning man*, et pas seulement, comme me le dira Alain Tibolla quelques années plus tard parce que « quand on a trouvé quelqu'un qui se lève, on peut partir en vacances tranquille ! ».

D'ailleurs, ce n'est peut-être pas un hasard si ma seule panne d'oreiller tombera sur ma dernière saison d'été à RTL. Quatorze ans plus tard, ce n'est pas si grave…

14

Fin de cycle

Premier été sur RTL, donc. Aucune promesse pour la rentrée mais il faut tout tenter. Jusqu'à la fin du mois d'août 1997, je vais attendre le retour de vacances d'Alain Tibolla pour tenter de le faire changer d'avis. Il est surpris, il a toujours été clair : aucun changement dans la grille de rentrée. On est très content de moi ; reparlons-nous au printemps prochain, passez une excellente saison…

J'appelle Christophe Sabot, comme convenu. Il m'engueule : « C'est maintenant que tu m'appelles ? Laisse-moi deux heures. ». Quinze minutes plus tard : « Lundi, 6 h, tu fais le morning. ». Plusieurs saisons qu'il essayait de m'y coller, j'avais toujours réussi à me défiler. Recommencer à se lever à pas d'heure… je n'étais pas chaud. Là, pas de négociation possible. Il faut rattraper les dégâts d'audience de la personne (que je me refuse de nommer ici et plus tard) qui a plombé la saison précédente. Bizarrement, pour l'écarter du micro, on l'a nommé directeur d'antenne. J'accepte le challenge à une condition : dépendre directement de Christophe Sabot, avec qui je m'entends encore bien. Ce sera mon dernier bluff dans cette maison, quand j'ai fait mine de sortir du bureau de la DRH à pas comptés, pour lui laisser le temps d'accepter. « Remy, viens t'asseoir ! »

Finalement, je repique au truc. Bien sûr que j'aime le morning. Et puis, voir le soleil se lever derrière la Tour Eiffel depuis le dernier étage de la rue Boileau, c'est un privilège rare. Détail amusant : à l'étage en-dessous, le studio de la Nouvelle Radio des Jeunes a une vue plongeante sur les chambres d'un hôpital gériatrique, tandis que nous bronzons en plein hiver.

L'un des gros avantages du petit matin, c'est que ceux qui tiennent sont ceux qui aiment ça, qui sont contents d'y être. On est venus pour bosser mais aussi pour y prendre du plaisir. J'y retrouve une vieille copine d'Europe 2, Bianca, sans doute la plus belle voix féminine de France à l'époque. Fofolle, fantasque, ingérable, manipulatrice, séductrice, terriblement talentueuse et inventive, elle vient faire toutes les chroniques de la matinale : de l'horoscope au ciné en passant par les *peoples*, elle revient plusieurs fois chaque heure et on se régale. On est tellement complices que, les matins où elle ne vient pas en direct, soit on enregistre ensemble vers 9 h 15, soit, car elle sait que je ne reste pas dans la journée à la radio, elle enregistre seule, en me laissant les blancs exacts pour les relances qu'elle me laisse pour le lendemain, le tout sans montage tant elle connaît bien mon débit.

J'ai toujours eu beaucoup de respect pour les chroniqueurs et les chroniqueuses de mes différentes tranches, que ce soit à Chérie ou à Europe 2. J'ai presque toujours réussi, me semble-t-il, à éviter cette tendance de l'animateur qui coupe la parole à celui ou celle qui a préparé ses deux minutes d'antenne, juste pour faire le kéké. Moi qui prépare très peu, j'ai toujours laissé leur espace à celles et ceux qui apportent chaque jour du contenu nouveau dans une antenne dont je serai le premier à récolter les fruits si le Médiamétrie est bon. Et il le fut souvent, grâce à eux, et grâce à elles surtout : Dominique Duthuit, qui fut ma complice sur le décrochage parisien d'Europe 2, Laurence Thomas (passée depuis longtemps sur France Inter pour les journaux les plus agréables pour l'oreille), Patrick Fabre, le cinéphile amoureux, puis, à Chérie, Pascal Hernandez (pour le ciné encore, avec qui nous exploserons les compteurs de façon fort peu professionnelle, embarqués par notre amour commun du cinoche), Bianca, donc, puis Jade, Mélanie, etc. C'est long à préparer, une bonne chronique de deux minutes, alors si un abruti s'essuie les pieds dessus et vous interrompt avant la fin parce que, évidemment à force de vous couper la parole il a explosé le timing, il y a de quoi avoir envie de lui claquer le museau, non ?

Les six premiers mois de cette saison se passent formidablement bien. L'émission est bonne, passe vite, bien, rythmée, enlevée, chaleureuse. Les rendez-vous sont bons, bien placés. Mais le directeur d'antenne susmentionné, qui a fabriqué cette grille avec Christophe Sabot bien plus intelligemment que je ne m'y attendais, décide brusquement de tout détruire. Il poussera Bianca, pas toujours très solide, à quitter l'aventure prématurément, met la pression sur l'équipe, essaye d'en faire autant avec moi. Je finis par refuser tout contact avec lui. C'est plus prudent pour ma santé nerveuse, moins pour la suite de ma carrière. Je comprendrai plus tard qu'il a prévu de récupérer de nouveau cette tranche une fois que j'aurai remonté l'audience. Évidemment, dans son propre bouquin, sa version est quelque peu différente, paraît-il. Peu importe…

Il apparaît rapidement que mon parcours à Chérie va s'arrêter là. Il y a plus grave dans l'existence. Je prépare un nouvel été sur RTL, ça m'excite suffisamment.

Quelques jours avant la fin de mon contrat, il m'interdira formellement de fêter ma dernière le vendredi final. Qu'à cela ne tienne : je décide que nous ferons une immense teuf de 6 à 9 pendant l'émission du jeudi pour fêter… l'avant-dernière. C'est mon côté petit con. En fait, sur le principe, je suis plutôt contre la fête de départ, surtout depuis que j'ai vu un taulier venir boire un coup du champagne offert par l'animateur dont il n'avait pas renouvelé le contrat. Oui, balèze, hein ? Je pense qu'il a dû s'étouffer de rage, le bougre, mais il n'allait pas me virer, hein ?

J'en tirerai un enseignement quelques années plus tard, en revenant dans le groupe. Quand je viendrai animer une saison de 9/13, sur Rire & Chansons, je proposerai à l'équipe de faire un pot d'arrivée. Parce qu'on n'est pas toujours en position de faire un pot de départ et que la bonne nouvelle, celle qu'on veut arroser, c'est plutôt un début de contrat qu'une fin. Ça leur a plu, à cette belle bande de blagueurs. Quelle ambiance il y avait là !

Puisque mon caractère ne me permet pas de continuer

à travailler sur Chérie, on fait semblant d'envisager que je puisse rejoindre Nostalgie, nouvellement arrivée dans le groupe, mais il n'y a eu que moi pour croire à cette mascarade jouée par Christophe et le mytho qui dirige alors Nosta. Une nouvelle fois, je vais louper le train de la grille de rentrée. Je ne le sais pas encore, mais je n'aurai plus jamais de collaboration régulière longue avec une radio. Je suis de ces animateurs dont on a besoin sur une radio de flux quand il faut la lancer, la reformater, attirer l'attention dessus, mais dont on ne sait plus quoi faire quand le produit se suffit à lui-même et qu'il doit devenir plus fort que ses personnalités. Il y aura bien une saison sur MFM, mais pas très gratifiante.

À part les nouvelles amitiés, et ça ce n'est pas rien.

Et puis les retours sur RTL, chaque été pendant quatorze ans. J'y ferai plusieurs tranches, mais surtout les petits matins.

15

Découverte de la formation

Une deuxième fois, élégamment et discrètement, Laurent Thibault va jouer son rôle d'ange gardien. Celui qui m'a préservé des colères du « sanglier » à ma grande époque de Chérie FM, celui qui a organisé nos escapades à Rome ou en Corse, me sachant désormais sans boulot, me donne le contact d'un des responsables d'un organisme de formation, à Montreuil, non loin de chez moi. Il n'en sait rien, moi non plus, mais il vient de donner un virage essentiel à toute mon existence.

À Montreuil, je découvre le Cifap, centre de formation hybride et protéiforme, prétendument marxiste et définitivement schizophrène. Plusieurs patrons se partagent la direction des différentes filières, selon une répartition des responsabilités parfaitement incompréhensible pour le commun des mortels. Ces gens, qui se sont associés sans s'entendre réellement selon un modèle incohérent, tous brillants dans leur domaine, font vivre de façon effroyablement bancale une structure tout à la fois attachante et horripilante. Les meilleurs formateurs (et il y en a, dans plusieurs domaines : la production de disque, le home-studio, l'écriture de scénario, le doublage, le cinéma et la radio, notamment) résistent en apprenant l'art de passer entre les gouttes et de n'entrer dans aucune coterie.

Dans un premier temps, je vais intervenir auprès de jeunes qui bénéficient de contrats aidés dans des radios associatives. Ils viennent passer une semaine avec nous tous les mois environ et rentrent appliquer dans leurs petites radios ce qu'ils apprennent à nos côtés. Puis d'autres publics, liés aux radios A (associatives) d'abord ; mais la nouveauté sera surtout la création de stages pris en charge par l'AFDAS (l'organisme collecteur des sommes de formation permanente) pour des intermittents du spectacle. Et c'est un public haut en couleur fait de comédiens, de danseuses, d'animateurs commerciaux, d'animatrices de télé, d'assistants de prod, etc., qui vient s'essayer au micro, victime du grossier malentendu, malheureusement répandu, qui fait croire à certains que « La radio, c'est facile, suffit de parler et je fais ça toute la journée. ». Vu comme ça, évidemment, pour une danseuse qui approche la quarantaine, ça a l'air moins douloureux. Pourtant… plus dure sera la chute.

Ce sera encore une période passionnante parce que, si je ne pratique plus l'antenne (momentanément seulement puisque je suis chaque été sur RTL, quand même), je suis obligé de théoriser partiellement ma pratique, de poser des principes, des équations, des règles. C'est d'ailleurs à cette époque que le Cifap s'associera aux éditions Dixit pour nous demander la rédaction d'une sorte de manuel de la radio, que je co-signerai avec celui qui est plus ou moins (parce que rien n'est jamais simple avec lui) mon chef : Jean-Michel Sauvage[1].

Cette aventure est également excitante parce que le public visé est d'une incroyable richesse culturelle et intellectuelle. On aura aussi bien un poète maudit plus si jeune qu'un futur grand dramaturge guadeloupéen, ainsi que d'anciennes animatrices de grandes chaînes de télé. Des danseuses de boîtes exotiques parisiennes fameuses viendront aussi. J'ai eu la chance de rencontrer là des gens étonnants, riches d'expériences professionnelles variées. De solides amitiés se sont forgées, voire plus. J'ai formé là des professionnels que j'ai eu l'opportunité d'embaucher par la suite et j'ai surtout découvert immédiatement combien j'aimais cette fonction de passeur de savoir et de déclencheur de nouveaux savoir-faire. Quelle excitation que de découvrir chez mes stagiaires des capacités que je n'ai jamais eues, de les voir ouvrir des portes qui me resteraient toujours fermées !

Pas mal d'entre eux, d'entre elles surtout, sont toujours à l'antenne, bien en vue, et je suis aussi fier de leur réussite et de la petite part que j'y ai pris que de certaines de mes propres succès. J'ai un bol immense : je ne connais pas la nostalgie[2]. Je n'ai jamais regretté ce qui est terminé, j'ai la chance d'être toujours *open* pour la prochaine aventure. Ce qui est passé est passé. Les bons souvenirs

1. *Animer une radio*, Éditions Dixit, 2002. Beau succès dans les radios associatives et africaines.

2. C'est d'ailleurs l'une des rares radios nationales adultes où je n'ai jamais travaillé !

restent, les autres s'oublient, les rancœurs s'effacent sans que je le recherche. Un jour, un taulier m'a demandé si je pensais toujours la même chose de « X » que quelques années auparavant. C'est alors seulement que je me suis souvenu vaguement de ce qui s'était passé avec X. Non, je ne pensais plus rien de X, j'avais même totalement oublié son existence. Utilisons nos neurones pour des souvenirs positifs : un Polnareff qui joue du piano pour vous, une animatrice qui m'appelle toute heureuse, un animateur tout fier, pour m'annoncer leur présence dans telle matinale, cette jeune femme, débutante, présentée à un directeur exigeant qui la gardera sur le morning trois saisons jusqu'à ce qu'elle décide d'aller s'amuser ailleurs…

Ces souvenirs, ce sont aussi un micro qui s'ouvre pour la première fois, sans auditeurs ou presque, pour un projet fou qui marchera, rencontrera son public, une star qui a un silence éloquent à l'antenne parce que cette question, enfin sortie des sentiers battus, la pousse à donner un peu plus de vérité, une auditrice qui vous remercie pour son premier éclat de rire du matin, des pairs qui vous apprécient, des grands anciens qui vous adoubent…

Je sais que j'ai la réputation d'une grande gueule et d'un casse-pieds. Mais je revendique le droit à défendre l'antenne contre les parasites, les grenouilleurs, les incapables, les inutiles. Avec l'un des directeurs d'Europe 2, pas l'un des plus utiles, nous ne nous sommes plus adressés la parole pendant plus d'un an après que je l'ai viré du studio de direct où il était venu critiquer le travail du collègue à l'antenne, preuve d'une bêtise crasse et d'une parfaite méconnaissance du métier. C'est bien pour protéger l'antenne et empêcher mon camarade de devenir mauvais comme un cochon jusqu'à la fin de sa tranche, ce qui serait arrivé s'il avait dû lui répondre lui-même, que j'ai réagi à sa place, pour le bien de la station. Mais comme j'ai la chance de ne garder que les bons souvenirs, j'ai aussi été capable de pardonner plusieurs fois aux mêmes personnes, qui m'avaient pourtant fait à plusieurs reprises un enfant dans le dos. Mais, quand j'aime quelqu'un, je suis tout aussi entier que lorsque je n'aime pas, je réagis de façon irrationnelle...

On a longtemps pensé (du moins chez les copains que le sujet intéressait) que j'en voulais au directeur d'antenne d'Europe 2 qui m'a mis dehors. On a pris pour une posture le fait que je l'aie remercié haut et fort de la manière (abrupte et indiscutablement traumatisante sur le moment) dont il m'a lourdé. Mais sinon, s'il avait fait les choses dans les formes, avec quel argent me serais-je payé la maison de campagne dont j'ai profité une dizaine d'années ? À côté de cela, mon avis sur son travail, sa vision de la radio, n'avait rien à voir avec un quelconque ressentiment. Je l'ai dit et répété : son faire-savoir ne remplace en rien un vrai savoir-faire et les deux trois trucs qui lui servent de métier ne trompent que ceux qui veulent bien l'être. Quant à ses résultats d'audience, ils parlent d'eux-mêmes... Ceux qui ont fait durer Europe 2 après le départ de Marc Garcia s'appellent Frédéric Schlesinger et Arthur. L'autre n'y est pour rien !

Pour le Cifap, je suis donc sur tous les fronts de la radio. Dans les radios associatives, avec lesquelles nous avons un accord de formation, avec ces intermittents qui nous racontent des histoires incroyables, ces personnalités uniques : une reine de la nuit, de vieux comédiens blanchis sous le harnais, des animatrices séductrices et manipulatrices. Dans chaque stage, il y a un assortiment de personnalités hétéroclites et paradoxales. Des amitiés se tissent, des couples aussi, des complicités improbables. Oh, tous ne feront pas de radio, c'est évident. Alors les différents formateurs qui les encadrent (je deviens le plus présent, mais nous sommes trois ou quatre à leur apporter une expérience complémentaire) font en sorte qu'ils en retirent tout de même tous quelque chose.

Je me rappelle ainsi ce vieux comédien, en fin de droits, dont la carrière était vraiment en panne et qui venait voir si, par hasard, il n'y aurait pas un coup à jouer du côté de la radio. Hélas, l'homme, qui était très fin, à fleur de peau, a vite déchanté en comprenant que ce n'était pas son truc et il a voulu laisser tomber. Je m'acharne à lui faire admettre qu'il pourrait au moins, en abandonnant toute pression, en profiter comme d'une activité ludique, comme de congés payés (puisque le stage rallonge d'autant sa période d'indemnisation). Il a la gentillesse de me faire confiance et de m'écouter. On l'a vu se détendre, lui le vieux comédien au look et au maintien militaires, prendre des fous-rires devant les saillies de l'ex-reine de la nuit qu'il avait d'abord regardée avec circonspection, pour le moins. Et puis un jour, fataliste, il vient m'expliquer qu'il ne sera pas là le lendemain matin car il doit se rendre à un casting, « juste par acquit de conscience, parce que bon, [il] sait bien que, en ce moment… ». Je le tance gentiment pour qu'il y aille dans un esprit un peu plus combattif et il revient le lendemain à l'heure du déjeuner, radieux : il avait d'ores et déjà décroché un rôle dans un spectacle de Robert Hossein, un de ces immenses barnums qui emmènent les comédiens dans une tournée de dix-huit mois ! Je me souviens de mon émotion devant son bonheur et de constater avec lui que, si le stage radio ne l'avait pas directement préparé à ce casting, il l'avait toutefois remis dans une optique de travail d'équipe, d'intégration dans le milieu du travail, dans une dynamique positive.

Il y eut des moments magiques, au rez-de-chaussée du Cifap, dans ce studio dont je demande à la fin de chaque stage qu'on se décide à me le réparer mais… bref. Ainsi, cette jeune femme, très jeune à l'époque, jolie, touchante, mais brute de décoffrage, mal coiffée, jamais maquillée, toujours prête à sauter à la gorge de qui lui parlait mal, qui, selon ses propres termes, « faisait le coup de poing dans les bars » de sa Bretagne natale. Elle arrive pour rejoindre un cycle réservé à des emplois aidés et nous raconte que, poussée par sa mère qui ne la supporte plus à la maison, elle s'est rendue à l'ANPE[1] pour trouver une formation de coiffeuse. Seulement voilà : arrivée là, elle a constaté la longueur de la file d'attente avant de rencontrer le conseiller chargé de ces métiers et « Moi j'aime pas attendre. ». Alors, elle est allée voir son voisin, qui lui s'ennuyait tout seul. « Vous avez quoi, vous ? » Lui, il avait un contrat aidé dans une radio locale.

1. L'organisme qui a payé une fortune puisée dans l'argent du chômage pour devenir Pôle Emploi.

Alors, elle a pris, sans idée, sans conviction, elle nous est arrivée et nous a raconté tout ça. Nous étions dans la régie, je l'ai envoyée dans le studio, je l'ai mise au micro, j'ai fait tourner un bout de bande sur un magnéto et je lui ai juste demandé de se présenter et de lancer un premier disque. « Ça va être nul. », m'a-t-elle dit. Je lui ai fait ma réponse standard : « J'espère bien, sinon comment je gagne ma vie, moi ? ». Elle a joué le jeu, on a enregistré son speak et je me suis tourné vers le reste de l'équipe, les « vieux », ceux qui faisaient de la radio depuis au moins… trois mois ! Ils étaient drôles à voir, silencieux, sidérés, les gars. Un seul a lâché une réflexion du genre « 'tain, la voix de la meuf ! ». Elle nous a rejoints dans la régie, peu convaincue d'elle-même. « Alors, c'tait nul ? » Je me suis tourné vers les autres qui l'ont détrompée, admiratifs. La fille avait un talent brut, naturel. Restait à le développer. Restait aussi à l'en convaincre car, de toute évidence, les compliments, elle n'était pas habituée à en recevoir. Elle ne savait pas quoi en faire, comment les gérer. Fallait-il seulement y croire ?

Je pense que c'est la première fois que je me suis senti devant quelqu'un dont j'ai su immédiatement qu'il avait du talent à développer. C'est très excitant, mais c'est aussi une sacrée responsabilité pour le formateur qui n'a pas le droit de se louper, de passer à côté.

Le lendemain, en arrivant, elle avait perdu son air maussade, ce qui m'a rassuré parce que je n'étais même pas certain de la revoir. Elle souriait, détendue enfin. Elle m'a dit : « J'ai parlé du stage à ma mère et quand je lui ai dit qui c'est le formateur, elle a dit “Ouah t'as trop de chance !”. Apparemment, elle vous écoutait tout le temps sur Chérie FM. » Oui, elle m’a vouvoyé longtemps (tiens : prends dix ans dans ta face) et sa mère m’adorait (et hop, dix ans de plus !).

Elle l’a fait son stage, semaine après semaine. Elle n’a pas rigolé tous les jours, d’ailleurs, parce que le formateur ne la lâchait pas. Son côté rebelle prenait trop le dessus, l’empêchant de se concentrer, de capitaliser sur son talent. Je sais que j’ai été dur avec elle, il lui est même arrivé de pleurer (de rage, j’en suis sûr) en sortant du stage. Je m’en suis voulu un peu. Mais moins quand, quittant son emploi aidé dans sa minuscule radio locale, elle a commencé une belle carrière sur le réseau de France Bleu. Et je me suis fait pardonner l’année où le directeur de production de RTL m’a demandé de lui amener quelques ex-stagiaires pour le banc d’essai que RTL mettait à l’antenne cet été-là. Je l’ai appelée : les temps étant durs, elle est venue à Paris avec une copine et elles ont dormi dans leur voiture, sur les Champs-Élysées. Ça sentait un peu le gymnase quand je suis venu la briefer quelques heures avant l’antenne, mais quel bonheur de la voir profiter autant de cette opportunité même si elle n’eut aucune suite sur place ! Durant ces sessions, qui vont s’étaler sur plusieurs mois, je vais les faire travailler sur leur articulation, leur façon de placer la voix. Je les emmènerai en pleine Porte de Montreuil, sur le terre-plein central ouvert sur le périphérique parisien. Il faudra qu’ils se fassent comprendre malgré le brouhaha de la circulation. Ils sont très jeunes, un peu paumés, intimidés par la banlieue parisienne, venant souvent de petites villes de province.

Pour les récompenser d'un bon travail, je vais parfois me transformer en *tour operator* de la radio[1] en les accompagnant pour assister aux émissions publiques de France Inter (l'émission publique de la mi-journée présentée avec beaucoup de talent et de gentillesse vis-à-vis du public par Laurence Boccolini[2], puis le 13/14, seul journal alors réalisé en public, par un Christophe Hondelatte magistral). Ils se régalent, rêvent...

Christophe Hondelatte... Quel personnage ! Après son 13/14, mes stagiaires avaient pu discuter un peu avec lui. Il s'était montré disponible, charmant, et les avait traités comme de futurs collègues, ce qui les avait réjouis et valorisés. Comme Labro avec moi des années auparavant.

Du coup, une ou deux saisons plus tard, avec un autre groupe de stagiaires, je décide de refaire l'expérience, mais Christophe présente désormais le journal de la mi-journée de RTL, suivi des *Auditeurs ont la Parole.* Moi, je l'ai dit, je ne suis sur RTL que l'été, donc on est collègues mais on ne s'est pas croisés en tant que tels. Et le studio d'info de RTL a quelques places, mais ce n'est pas un studio public. Petit mail pour lui expliquer la situation, lui demander si c'est possible. Réponse immédiate : « Bien sûr, viens ! ».

Nous arrivons à RTL une petite heure avant, le temps de visiter les studios, je croise des copines speakerines, des copains réalisateurs. « Qu'est-ce que tu fais là ? »

1. Du métro à la radio, je marche comme un Parisien et je les perds régulièrement. On est à la bourre à tous nos rendez-vous parce que je n'ai pas anticipé que mes petits jeunes allaient faire du tourisme !

2. J'ai toujours eu le sentiment qu'elle s'était fait voler cette émission par un faisan gluant comme notre métier en couve trop mais je me suis peut-être fait des idées...

J'explique que j'accompagne un groupe de stagiaires et qu'on va squatter le 13 h de Christophe. Réponse d'une copine, interloquée : « Ah, c'est à toi le groupe de costards / cravates, là ? ». Euh non, pas vraiment. Mes petits jeunes, avec leur salaire d'emploi aidé, ils sont plutôt baskets / t-shirts ! Je descends au studio d'info au dernier moment. Christophe arrive en même temps : il est 12 h 58.

— C'est ton groupe, là, qui est dans le studio ?

— Non, les miens, les voilà…

Arrive un rédac' chef qui explique qu'il a invité les gens qui sont en charge des accréditations au Ministère de l'Intérieur à assister au journal.

— Ah t'aurais dû me demander : j'ai déjà mes invités !

Il est 12 h 59, Christophe entre dans le studio :

— Je suis désolé mais ça ne va pas être possible. Il y a déjà des invités, je vais vous demander de sortir vite. Vous pouvez suivre le journal de l'autre côté de la vitre. Vite, s'il vous plaît, on a une minute !

Et ces hauts fonctionnaires de sortir en tirant la bobine qu'on imagine tandis que je fais entrer mes gentils prolos de la radio en vitesse en évitant de croiser le regard courroucé de ces messieurs. On se pose un peu partout dans le studio et les trompettes retentissent. « 13 heures, le Journal : Christophe Hondelatte. ».

Je surveille mes jeunes du coin de l'œil. Là, tout de suite, ils ont six ans et c'est le matin de Noël. Le journal se passe, impérial, suivi des « auditeurs ». 14 h 30, c'est fini. Christophe ôte son casque et se tourne vers eux, tout sourire. « Alors ? » Et il leur fait débriefer le journal. Il va, encore, les traiter d'égal à égal, leur demander leur avis (!). Je vais faire mon prof et attirer leur attention sur la technique de Christophe, la manière dont il mène une interview, empêchant l'interlocuteur de lire ce qu'il avait écrit en le faisant simplement aller là où il veut, en maestro. Il leur parle, leur donne des conseils, leur demande ce qu'ils font dans leur radio. Passé quinze heures, je rappelle que Christophe n'a pas déjeuné, qu'on peut peut-être le libérer. Ils ont dû me détester à ce moment-là, maintenant que j'y pense…

Classe, Christophe, vraiment. Un souvenir à vie pour nos jeunes.

16

T'as ton passeport ?

J'ai déjà expliqué que certaines choses me sont arrivées parce que je les ai voulues très fort : mon premier job, RTL... Et puis, parfois, il y a la chance, la porte qui s'ouvre dans la salle où je travaille avec un groupe, un type que je ne connais que de vue qui passe la tête et me demande : « Salut, je suis Jérôme, le responsable de l'International. Tu fais quoi fin décembre ? ». Rien de prévu pour l'instant. Alors il ajoute : « Quinze jours de formation au Vietnam, tu prends ? Passe me voir ce soir. ».

Et si Laurent avait amorcé le virage de mon existence en me connectant au Cifap, Jérôme donne la petite claque définitive en me faisant découvrir ce pays qu'il aimait tant.

Lui, c'est Jérôme Kanapa, énorme personnalité, impressionnant CV de cinéaste militant, actif de l'Afrique au Vietnam qu'il a quasiment épousé (et qui lui a donné des enfants). Il me dira avoir effectué plus de 150 allers-retours au moment où il me confie cette mission, de celles qu'il qualifie de « bite-couteau ». Comprendre : « Tu vois comment ça se passe et tu te démerdes sur place tout seul. ».

Le soir, je cherche l'emplacement du Vietnam sur la mappemonde de la chambre de mon fils et je me plonge dans des lectures de toutes sortes. Wikipedia réveille des souvenirs d'ado, les images des B52 napalmant le pays. J'imprime tout ce qui me tombe sous la main. Je trouve un roman vietnamien et je m'envole en décembre vers l'aventure.

Vol de quatorze heures jusqu'à Saïgon (presque personne ne dit Ho Chi Minh City, finalement), trois heures de transit, encore trois heures de vol jusqu'à Hanoï, puis arrivée à l'hôtel : le De Syloya, en centre-ville, non loin de l'Ambassade de France. Douche rapide et l'envie de profiter de la ville. Je sors de l'hôtel, décalqué par le voyage, enivré par les parfums (faits d'abord des fumées de cette vieille essence peu raffinée qu'on vend encore dans les pays les plus pauvres). D'après mon plan de la ville, le centre est là, juste en face de moi. Mais il faut traverser la rue et la circulation semble ne jamais devoir s'arrêter. Un vieux monsieur, assis sur un banc non loin s'approche de moi. Il a deviné que je viens d'arriver et il va m'apprendre à traverser la rue. Il me prend par le bras et nous nous lançons dans le flot des motos qui pétaradent autour de nous (il y a encore peu de voitures à Hanoï en 1998, mais des milliers de vélos et de motos plus quelques pousse-pousse, que je ne prendrai jamais, alors que je me déplacerai beaucoup en *Xe-Um*, les motos-taxis). Comme par magie, l'une des nombreuses magies qui vont m'envoûter durant deux semaines dans cette ville merveilleuse, le flot des deux-roues nous environne, nous accompagne, nous anticipe, le truc étant de choisir un rythme de marche régulier autour duquel la circulation se fluidifie. Raconté comme ça, ça a l'air étrange, mais on s'y fait très vite.

Il faut comprendre qu'à cette époque, j'ai encore fort peu voyagé : les vacances au Maghreb, gamin avec ma mère, encore un peu devenu adulte, un peu d'Europe, New-York et la Floride. Rien de bien exotique. Et quand on doit être cinq (voire sept) jours par semaine en studio, avec l'hygiène de vie qu'exige l'animation des petits matins, les enfants à élever, difficile de jouer les globe-trotters. Oui, je suis casanier et je ne me suis jamais pensé autrement.

Dès les premières minutes dans les rues d'Hanoï, parti le nez en l'air, en sortant le moins possible mon plan (marcher suffisamment vite, ne pas flâner, pour ne jamais passer pour un touriste et ne pas se faire trop aborder par les multiples quémandeurs), dès que j'ai commencé à regarder les devantures, à m'enivrer des odeurs qui s'échappent des restaurants où l'on mange au coin de la rue sur un tabouret en plastique, j'ai compris que je ne pourrais plus me passer de ce sentiment de découverte pure.

Le lendemain, je suis réveillé à 7 h du matin. Les discours de la propagande politique diffusés par des haut-parleurs dans les rues permettent aux habitants d'Hanoï de commencer la journée dans les meilleures conditions ! Un chauffeur de l'Ambassade vient me chercher et on me conduit à la radio. La rue Tran Hun Dao, celle de mon hôtel, est en sens unique. Dans la même rue se trouvent donc tout à la fois l'Ambassade de France, un peu plus haut et, encore plus haut, the Voice of Vietnam, la radio nationale du Nord. Je comprends très vite que, mon chauffeur étant obligé de prendre trois fois à gauche pour remonter au-delà de la radio et revenir devant, j'aurais aussi vite fait d'y aller à pied. Et sans doute plus de plaisir. Mais je n'obtiendrai cette liberté que de haute lutte, vers la fin de mon séjour.

À la radio, j'ai deux traductrices/interprètes, l'une pour le matin, l'autre pour l'après-midi. Celle du matin, parfaitement francophone, qui a fait ses études à Paris, me fait clairement comprendre, gentiment, honnêtement, qu'elle est aussi mon commissaire politique. Elle est la fille d'un dignitaire du pouvoir, un régime toujours communiste, mais pragmatique et ouvert depuis peu à l'Occident, en pleine gestation de joint-ventures avec des firmes, notamment américaines. Quand je lui parle du bouquin qui trône sur ma table de chevet[1], elle m'explique dans un éclat de rire que ce roman est interdit dans le pays car écrit par une *Viet Kieu* (une Vietnamienne de l'étranger), mais que c'est le roman d'une génération, qu'évidemment elle l'a lu et elle se félicite qu'un homme, blanc de surcroît, s'en régale aussi.

Je ne cesserai d'être séduit par les contradictions d'un pays magnifique aux peuples multiples (dont on aimerait grandement que les minorités fussent mieux traitées).

1. *Au-delà des illusions*, de Duong Thu Huong, Éditions Piquier Poche, 2001 pour la dernière édition française. Passionnant.

À la radio, ma mission sur le papier est de « préparer l'équipe de la radio nationale au passage au direct ». En effet, jusque-là, toutes les émissions sont d'abord écrites. Puis un chef doit relire et tout cocher ou censurer d'un gros trait de crayon rouge puis signer pour autoriser l'animateur à se rendre en studio où, sur des matériels soviétiques hors d'âge, on enregistre sa voix qui sera ensuite mixée à la sauvage avec de la musique, sans respect des durées des titres, avec pour seule ambition de tenir dans la durée de l'émission.

Deux semaines plus tard, la douzaine de participants à mon stage devront pouvoir animer en direct, lancer des disques, cadrer des intros, etc. Rien que ça.

Au début, j'évite les petits pièges qu'on me tend gentiment. J'ai vécu cela ensuite partout : il s'agit de vérifier mon état d'esprit. Suis-je un coach bienveillant et curieux des énergies locales ou un néo-colon imbu de lui-même comme ils en ont tant vu ? Il y a longtemps déjà que j'ai compris comment trouver le perturbateur éventuel, que je sais comment le retourner et en faire mon complice pour le reste du stage. Quelques « trucs » de formateur finissent de les impressionner : faire recommencer un exercice par un stagiaire en lui disant qu'il a bafouillé. Ça, ça les scotche ! Non, je ne parle pas la langue, mais quand on passe la journée au milieu de gens qui parlent une langue monosyllabique, on s'habitue vite à sa musique et à son rythme. Donc si quelqu'un bafouille, c'est comme un disque qui saute ! Bref, je prends le contrôle et je gagne leur confiance.

La formation tombe précisément en même temps que la réunion de l'ASEAN (la conférence des pays du sud-est asiatique) et, pour recevoir tous les chefs d'État de la région, on a nettoyé la ville et repavé les trottoirs, mais il n'y a ni pression policière trop envahissante (je pense qu'on a dû éloigner les indésirables de tout poil depuis quelques semaines déjà), ni sirènes hurlantes toute la journée comme pour un vulgaire G20.

Quant aux animateurs et journalistes à qui on a imposé mon stage, ils se retrouvent avec une double journée puisqu'il leur faut, après les heures de formation, produire leurs émissions et parfois finir assez tard à cause des soirées officielles dont ils devront rendre compte dans les émissions ou les journaux. Pour moi, c'est tout bénéfice : ma journée se termine à 16 h, me laissant toute liberté pour découvrir un peu plus les rues du vieil Hanoï. Mais d'abord, le chauffeur doit me raccompagner à l'hôtel, protocolairement. 500 mètres en ligne droite et me voici chez moi. Je n'ai plus qu'à déposer mon sac et me changer pour partir à l'aventure chaque soir.

Au début de ma mission, le même rituel se passait aussi pour le déjeuner, puisqu'on avait supposé que je prendrais tous mes repas à l'hôtel (où un cuisinier mariait d'ailleurs avec talent recettes françaises et vietnamiennes) ; mais dès que je fus accepté par l'équipe, ma dernière épreuve initiatique fut de déjeuner avec eux à l'un de ces petits restaurants du coin de la rue. Ils ont posé cela comme une sorte de challenge (« Tu serais capable de déjeuner là avec nous ? ») alors que j'en rêvais depuis mon arrivée mais… mais la carte de ces restaurants est en vietnamien, uniquement !

Il faudrait dire à quel point je suis tombé amoureux de cette ville, de ses bruits, de ses odeurs, de ses enfants, de sa jeunesse. Je découvre en fait le charme des villes métisses. Ici, bien plus qu'à Saïgon, ville très séduisante par sa vie endiablée mais sans charme architectural particulier, tout est magnifique. L'architecture est un harmonieux mélange entre l'Orient (forcément mystérieux) et l'Occident (évidemment pragmatique, mais pas que). Les colons ont construit des immeubles selon des critères très français. Les grandes artères sont bordées de bâtiments quasi-haussmanniens. Eiffel aussi a laissé des traces puisqu'on trouve des constructions dessinées dans ses ateliers, même s'il n'est jamais venu, et assemblées sur place, comme des jeux de construction pour adultes. Un pont ici, une poste là.

L'opéra d'Hanoï est une reproduction en plus petit et plus sobre peut-être (qui s'en plaindra ?) du Palais Garnier, une merveille, somptueusement entretenue. L'ancien palais du Gouverneur est devenu un musée d'État, la reproduction d'une statue très sobre et apaisante d'un moine achetée sur place me regarde avec bienveillance tandis que je tape ces mots. L'Institut Pierre et Marie Curie du Radium, dont le nom est repeint régulièrement à la feuille d'or, est aussi un Musée, et tous ces bâtiments sont parfaitement entretenus par un pouvoir qui en apprécie la beauté, parfois cachée par l'ombre envahissante des palétuviers qui préservent un peu de fraîcheur en été. À côté des constructions occidentales, les temples, au style résolument chinois, ancrent cette ville dans son histoire millénaire, ses racines profondes. Le mariage de ces architectures, de ces styles, donne à la promenade autour du petit lac central un aspect magique et toujours renouvelé. Je termine cette promenade quotidienne par le rituel du jus de citron vert, à ma terrasse préférée, au milieu des étudiants qui viennent ici en couple car la coutume veut que les amoureux fassent sept fois le tour du petit lac avant de se déclarer.

La colonisation a laissé d'autres traces, plus étonnantes. Dans la musique, en particulier. Car si les émissions de musique traditionnelle de la radio nationale n'ont que peu d'audience, tout le monde adore cette variété sucrée qui vient directement de la nôtre. Je revois le sourire extatique du chauffeur de taxi qui me surprend à fredonner sur une chanson interprétée pourtant en vietnamien que diffuse son autoradio. Comment lui expliquer que j'ai écouté des milliers de fois « Le Téléphone pleure », dans la version originale toutefois ? Un autre soir, nous dînons avec ma collègue, ancienne productrice à Canal+ qui intervient auprès des gens de télé, en jetant par moments des regards sur la charmante musicienne en *ao dai* (le costume traditionnel vietnamien qui met en valeur des lignes très minces) et nous finissons par comprendre ce qui nous interpelle : sur son instrument traditionnel, à l'aide de longs maillets, elle est en train de nous jouer une version très orientalisée de « Tombe la Neige ». Surréaliste.

Mais moins peut-être que lors d'une visite avec des jeunes coopérants français où nous entendrons là encore des musiciens traditionnels interpréter une version très locale de « J'irai revoir ma Normandie ». Là, on ne m'enlèvera pas de l'idée qu'il y a une volontaire ironie de leur part, surtout quand on est assez vieux pour avoir vu certains films de Georges Lautner[1].

Promenade idyllique, rituel magique, dont la célébration sera violemment bousculée le jour où éclatera tout près de moi une mémorable et très violente bagarre entre gamins de huit à douze ans. Ces gamins des rues, abandonnés depuis longtemps par leurs parents comme par le pouvoir, qui survivent en vendant des bricoles aux touristes, cartes postales, timbres, briquets... Une histoire de territoire sans doute. Ne pas se laisser envoûter trop longtemps par l'image romantique d'un pays émergent, jeune et plein d'allant. La réalité se rappelle à moi sans ménagement et je vois mieux, ensuite, les gamines qui partent avec un vieil Européen qui leur a glissé quelques billets, celles qui viennent glisser leur épaule sous celle du Blanc seul parce qu'il faut bien survivre. Un pays qui sort de centaines d'années de guerre, contre la Chine, la France, les USA, encore la Chine… et j'en passe. Ces signes de tourisme sexuel, je m'en ouvre à ma commissaire politique, pour savoir comment son ministre de père (j'ai cru comprendre que c'était son titre sans réussir à déterminer quel portefeuille il occupait) réagit à cette misère infantile. « On n'en parle pas, me répond-elle. En parler serait admettre le problème et donc devoir le prendre en charge. » Fin de la discussion. J'y repenserai à mon voyage suivant, à Saïgon. Là, on est beaucoup plus près des terres napalmées par l'Amérique, des cultures massacrées pour des générations par « l'agent Orange ».

1. Dans *Le Monocle rit jaune*, Paul Meurisse, Robert Dalban et Marcel Dalio l'interprètent sur une scène chinoise. J'ai rencontré Robert Dalban sur un tournage et j'ai failli éclater de rire quand il m'a expliqué avoir été la voix française de Clark Gable, tellement ça paraissait déplacé. Puis j'ai vérifié, honteux…

Ils sont encore beaucoup plus nombreux, ici, les enfants abandonnés, errant dans les rues, cherchant leur nourriture dans les poubelles cachées dans les arrière-cours, et souvent porteurs de malformations physiques épouvantables. Qu'ont-ils ingurgité, ces enfants, comme saloperies fabriquées par l'industrie chimique occidentale et dont la terre est gorgée pour plusieurs générations ? Inutile de préciser que je suis actuellement avec intérêt le combat porté par une survivante contre ces géants de l'industrie chimique qui, des années après le Zyklon B, ont fabriqué ce nouveau poison.

Ici, à Hanoï, comme à Saïgon l'année suivante, ma mission fut toutefois un bonheur absolu, fait de la découverte d'un peuple passionnant et contradictoire, de villes foisonnantes et magnifiques, et des découvertes que m'offrirent les uns et les autres, des petits restaurants familiaux de la banlieue à une féérique croisière privée dans la baie d'Ha Long organisée pour moi seul par la direction de la radio. Il faudrait pouvoir rapporter ici l'ambiance et les odeurs des repas avec l'équipe de la radio, les mets improbables, les escargots gros comme un poing de bébé, certaine amphore d'un alcool qui m'a évoqué celui des *Bronzés font du ski*… Surtout quand je l'ai senti descendre dans mon œsophage.

Éblouissement devant les merveilles de ce pays, de sa culture, de sa cuisine, mais aussi nécessaires et réguliers rappels à la réalité plus complexe. Alors que je suis invité un soir à une réception interminable et d'un ennui profond au Press Club de Hanoï où j'ai l'impression de croiser surtout de vieux agents secrets décatis issus d'un film d'espionnage des années 1960, un jeune

Vietnamien très souriant me demande mon sentiment sur mon séjour. Très sincèrement, je lui dis mon bonheur d'être là, l'attrait de son pays… « Oui, me rétorque-t-il avec un petit sourire, ça a toujours fait ça aux Français. » *Fair enough…*

Émotionnellement, ce fut aussi un bouleversement, une réponse à cette angoisse qui avait été la mienne à mon arrivée à RTL. Qu'avais-je à rêver désormais ? m'étais-je demandé. J'avais désormais ma réponse : rien. Je n'avais plus besoin de rêver à quelque chose. Il me suffisait de laisser le monde venir à moi, et je me souviens m'être clairement formulé que j'abandonnais volontiers toutes les émissions quotidiennes sur toutes les antennes pour le bonheur de ce genre de mission de temps à autres.

Alors, comment fait-on pour former des équipes du bout du monde, qui ont des langues si différentes, des cultures, des histoires compliquées, impénétrables pour qui n'est pas né ici ?

Mon truc à moi, c'était de déposer devant moi toute une boîte à outils radiophoniques et de faire avec mes stagiaires le choix des outils utilisables, en voyant comment les transformer pour qu'ils soient efficaces sous leur latitude.

Rappelons-nous que, à la fin du millénaire dernier, la radio française va encore très bien et qu'elle est sans doute celle qui s'exporte le mieux. En France, les groupes espagnols ou anglais qui avaient racheté momentanément des antennes ont disparu. À l'étranger, les groupes français achètent à tour de bras (Martin Brisac y a laissé en partie sa santé) et développent des marques, des réseaux, qui deviennent rapidement n°1, surtout à l'Est. La petite Europe 2 tchèque qui avait dû commencer à émettre en urgence le programme de Paris, vidant les librairies de tous les dictionnaires franco-tchèques, est devenue une grande radio nationale. C'est pareil à Moscou mais aussi en Suède où NRJ n'a mis que six mois pour faire la course en tête après son démarrage. Quelle est la recette de ce succès français ? Simple : un savoir-faire universel et des recettes qui s'adaptent à chaque pays. Au contraire des consultants américains (ceux qui nous disaient qu'un speak était trop long sans comprendre un mot de français !), les groupes français embauchent local et savent marier un professionnalisme éprouvé avec un contenu réfléchi selon la culture.

Je n'invente rien, je m'en inspire et j'en fais autant dans mes formations à l'étranger. J'inaugure donc cette formule à la VOV (The Voice of Vietnam) où je fais aussi entrer dans les mœurs une nouvelle pratique, un nouveau métier : celui d'animateur de radio.

Oui, car jusque-là, on choisissait des thèmes à traiter à l'antenne et on les donnait à des spécialistes du sujet. Ainsi, l'émission (essentielle !) sur la sécurité routière est-elle animée par une policière. Et l'émission de musique traditionnelle est, elle aussi, animée par un compositeur de musique traditionnelle. Non, moi non plus je n'ai jamais réussi à comprendre cette notion, mais peu importe. Pour le coup, on pouvait parler de révolution culturelle. J'ai réussi à faire entendre à la direction générale que la personne la plus à même de vulgariser (quel vilain mot !) un sujet était la plus néophyte, la moins spécialiste, car elle allait poser les bonnes questions, celles susceptibles d'intéresser le public, celles que l'auditeur pourrait poser lui-même.

Un jour, ma traductrice m'a expliqué que l'équipe s'était concertée et que l'optique du direct leur paraissait inatteignable, à moins que je ne leur fasse une démonstration. Un peu surpris, j'accepte. On m'a installé une console, un micro et deux lecteurs CD. Plus quelques disques de variété française copiés dans une boutique du coin. À cette époque, le principe de droits d'auteurs n'est pas arrivé dans le pays. Les marchands de disques ont un seul exemplaire original de chaque album. Vous choisissez et vous attendez quelques minutes, le temps qu'on vous le copie. Simple, non ?

On m'a aussi fourni un CD d'habillage. Je bricole un petit conducteur et je leur fais une émission d'une trentaine de minutes *live from Hanoï*. J'improvise mes speaks que mon interprète traduit en direct dans la même pièce (c'est facile pour rester concentré, tiens !), je change les disques tout en parlant puisque je n'ai que deux platines et que mon CD d'habillage monopolise l'une des deux. Évidemment, ce qui devrait arriver se produit : je me plante de plage. Donc j'arrête le titre et commente mon erreur, en direct (ou du moins dans les conditions du direct), le temps de caler le bon titre et de cadrer l'intro.

Je fais mes trente minutes avec précision et je conclus l'émission sous leurs applaudissements nourris. En conclusion, le meneur de la bande me remercie de ma démonstration et me dit que, le dernier jour, ils veulent eux aussi faire une émission comme ça en direct, et qu'il faudra qu'il y ait des erreurs techniques pour qu'ils voient comment ils peuvent improviser !

L'année suivante, on m'enverra à 1 700 kilomètres de là, à Saïgon, pour une mission de numérisation de l'antenne. Dans l'équipe de la VOP (The Voice of People, la station publique du Sud), il y a la fiancée de mon meneur de Hanoï. Prévenu de ma mission, il demande à être ajouté au stage. Sa réputation de forte tête dans la radio nationale combinée à sa volonté de participer à ce nouveau stage me déroulent un vrai tapis rouge. Ma mission sur place en sera d'autant facilitée.

Infiniment moins belle que Hanoï, Saïgon est en contrepartie plus vivante, plus chaleureuse. Anh Tuan, mon complice local (traducteur et commissaire politique certes, mais il deviendra surtout mon ami), m'explique avec humour avoir choisi sa femme dans le Nord « parce qu'elles sont plus belles » mais qu'elle est heureuse d'être venue dans le Sud « parce que les Méridionaux sont plus chaleureux et rigolos ». Sur sa moto, en fin de journée, nous ferons le tour des bars familiaux dont certains tenanciers me diront ne pas avoir vu de blanc depuis des années.

Dans cette région, on boit de la bière, presque exclusivement, la Tiger, une sorte de Heineken locale, avec d'énormes glaçons plongés dedans. On pose une caisse à côté de vous. Il fait chaud, on transpire beaucoup, les glaçons fondent vite. Avec une longue pince, le serveur attrape le reste de glaçon dans la pinte, le jette sous la table où il s'évaporera trop vite sans vraiment rafraichir la pièce, remet de la bière, un autre iceberg, et on perd facilement le compte du nombre de litres ingurgités.

Au nord comme au sud, j'ai l'impression qu'on rit beaucoup. Plus qu'en France, en tous cas. La grande jeunesse de ce peuple, peut-être.

Mon dernier retour du Vietnam, je vais le faire avec l'un des directeurs de la radio nationale, que je prendrai sous mon aile pour m'assurer qu'il soit aussi bien accueilli ici que je l'ai été là-bas. Nous avons approximativement le même âge, il est à peine plus vieux que moi. Durant les presque vingt heures de voyage, nous avons tout le temps de nous raconter nos vies, nos carrières, nos enfants. Les siens sont plus jeunes que les miens. Et, la fatigue aidant sans doute, je constate un trou dans son CV. « Tu faisais quoi à cette époque ? ». Il me regarde, interloqué : « Ben… la guerre. ».

Flottement…

Il y a des coups de pieds qui se perdent, non ?

17

Accra(s)

Durant quelques années, les voyages et les découvertes vont s'enchaîner. Le Cifap, toujours dans le cadre des formations des emplois aidés des radios associatives, m'envoie à La Réunion pour l'une des plus mauvaises sessions de formation de toute ma carrière. Qu'est-ce qui se joue entre l'équipe de jeunes et les présidents des radios locales ? Pas la moindre idée. Toujours est-il que personne parmi mes stagiaires ne veut bosser pendant la première semaine. Celle qui se déroule pendant et sur les lieux de l'Université de la Communication de l'Océan Indien. Du coup, je passe mes après-midis sur la plage et je file un coup de main aux membres de la FAR (la fédération locale de radios associatives) qui réalisent chaque soir sur place, sans leurs jeunes, grévistes, une émission diffusée sur la majorité des radios du réseau. C'est passionnant, au demeurant, ce colloque, sous le soleil de Saint-Gilles.

Ma carrière étant jalonnée de rencontres décisives, je profite d'une soirée donnée par RFO pour faire connaissance avec le directeur de l'ensemble des radios du service public d'outremer. J'ai à peine le temps de me présenter qu'il me dit « Ah oui, j'ai appris que vous étiez là, je voulais vous rencontrer, j'ai un projet de formation sur le réseau. Je veux que tous mes animateurs aient l'esprit RTL. On se voit à Paris à notre retour. ».

Ça ira très vite. Il n'a pas l'habitude de faire traîner les choses. Lors de notre rendez-vous à Malakoff, il vient m'accueillir dans le couloir. Le temps qu'on traverse le bureau de sa secrétaire et qu'on entre dans le sien, il m'a déjà proposé le deal. Deux semaines à Radio Réunion (le nom à l'époque de celle qui deviendra Réunion 1ère, puis Réunion La Première). Si j'arrive à quelque chose dans cette radio, ce sera mon billet d'entrée pour d'autres missions. Retour assez rapide à Saint-Denis où la radio est encore installée dans son immeuble historique sur le Barachois. Très vite, je me sens dyonisien, à 10 000 km du lycée Paul Éluard de mon Saint-Denis du 93… J'ai mes habitudes : chez Tonton, à l'Annexe ou encore chez Gladys. La Réunion n'est pas le meilleur endroit pour la plage. Elles sont peu nombreuses et modérément sécurisées (même si j'adore le spectacle du Maïdo au-dessus des palmiers penchés vers soi quand on sort de l'eau sur la plage de l'Hermitage). Mais c'est indiscutablement l'endroit idéal pour passer sa vie en terrasse. Un rougail ici, des brochettes mauriciennes là, des sarcives dans un camion à Saint-Gilles, une Dodo partout. Et moi qui n'aime pas la montagne, je me régale en montant vers le Maïdo ou à Cilaos, vers les cascades, le Voile de la

Mariée, Hell-Bourg, etc. Tout ce qui se fait en voiture, ne rêvons pas.

Les rencontres, là encore, les amitiés improbables, Bernard l'indépendantiste, Thierry le chef de tribu créole[1], Géo le *zoreil* débrouillard, l'autre Bernard et ses aventures radiophoniques, entre autres... Et la radio, donc, surtout. La Réunion est le département français où elles sont sans doute les plus nombreuses, les plus passionnantes et les plus agaçantes, l'un étant le corollaire de l'autre. Freedom, la fameuse radio locale, séduisante et fascinante comme un certain canapé d'Europe 1. « Aie confiance… »

La mission est complexe : l'équipe de Radio Réunion vit dans un climat délétère et les enjeux qui s'y jouent me dépassent. Je ne comprends qu'à la fin de ma mission qu'on compte sur mon rapport pour faire tomber des têtes. Ce sera sans moi. Ça me vaut un mail cinglant de la directrice régionale, tandis que le directeur des radios me soutient en douce. Les prochaines missions seront les Antilles-Guyane. *Piece of cake*, après le chantier réunionnais…

Mais le Cifap m'a aussi envoyé au Ghana et c'est une autre aventure. Accra, la capitale, est une ville passionnante mais difficile à cerner. Pour ce que j'en ai compris, elle serait plutôt organisée en quartiers refermés sur eux-mêmes. Je suis logé chez le COCAC, le conseiller à l'action culturelle de l'Ambassade de France, qui habite une maison du quartier des « expats », derrière

1. Être invité chez lui, dans sa famille, présenté à ses employés, se régaler de la nourriture de sa grand-mère s'avèreront des privilèges rares que bien des *zoreils* installés sur l'île depuis longtemps m'envieront.

des portes en fer gardées par des vigiles. On s'y habitue, mais c'est étrange.

Je suis arrivé à l'aéroport d'Accra en fin de journée. L'aérogare est bondée, brûlante malgré la nuit tombée. La fatigue m'a donné un léger vertige et je n'ose imaginer combien d'heures il va falloir attendre pour passer la douane où ça semble s'écouler au compte-gouttes. Soudain, un grand type en uniforme fond sur moi et me pose une question à laquelle je ne comprends pas un mot. Pour mon anglais scolaire, l'accent ghanéen est parfaitement incompréhensible. Dire qu'il va falloir faire ma formation en anglais... Ma mission : préparer les équipes des radios nationales GBC (Ghana Broadcasting Corporation) et Uniiq FM (la radio nationale des jeunes) à la numérisation de l'antenne. La France offre un mini-studio équipé du logiciel le plus basique qui soit : Gate Soleil, que je vais installer et enseigner à mes stagiaires dans un centre de formation réouvert pour la circonstance et dans lequel ils seront les futurs formateurs. Installé à Paris par mon ami Saïd, l'ancien réalisateur de TSF 93 qui m'a rejoint au Cifap pour assurer toute la technique, le matos aura été tellement mal traité par les équipes de British Airways qu'il me faudra tout reconfigurer (deux ordinateurs dont un lourd serveur, une console, des micros, des casques, des boîtiers, des câbles…), avec Saïd, en hotline au téléphone. Ce sera la première fois que je configure un studio, fût-il en partie numérique, tout seul. Détail amusant : c'est déjà avec Saïd qu'on avait démonté celui de TSF 93 quand il s'était agi d'aller le planquer pendant notre crise de parano…

Pour l'heure, à l'aéroport, le type insiste et je finis par comprendre qu'il me demande mon passeport. Il vérifie mon identité et m'embarque dans un bureau. Nous fendons la foule et trois ou quatre douaniers se refilent ma pièce d'identité. Je me dis qu'un seul aurait suffi et que les autres pourraient s'occuper de la foule qui attend de passer le contrôle, mais je découvre seulement l'Afrique et son organisation pas toujours limpide. Mon passeport tamponné et récupéré, je ressors de l'autre côté des bureaux, un peu ahuri et sans comprendre ce qui m'a valu ce traitement de faveur. Le grand type m'explique qu'il est le « correspondant de la radio à l'aéroport ». On embarque dans un 4x4 bringuebalant et nous voici sur l'autoroute vers Accra.

Qu'il est frustrant d'arriver de nuit dans un pays lointain inconnu ! Pas de perspective, fenêtres fermées parce que, même si je transpire, les locaux ont froid quand la nuit tombe… On roule vite, très vite. Ma valise fait des bonds à l'arrière du pick-up sans garantie de me suivre jusqu'à destination. Laquelle, d'ailleurs ? Où allons-nous ? Pas sûr que le gars me l'ait dit ; mais comme je comprends un mot sur trois et une phrase sur quatre…

J'ouvre quand même une fenêtre et l'odeur de l'Afrique m'envahit. Une odeur de feu, de terre brûlée, d'humidité en l'occurrence puisque l'Océan est proche, que je ne cesserai plus jamais de sentir sans émotion en haut des passerelles d'aéroport. Et les bruits, aussi, de la nuit africaine, les hurlements des crapauds-buffles qu'on entend malgré le vrombissement du moteur, y compris en plein centre-ville. Dire que j'avais trouvé la nuit antillaise bruyante…

À Paris, Jérôme m'a dit : « Tu descends à Accra chez le Conseiller culturel de l'Ambassade. Si ça te gonfle, tu te trouves un hôtel ensuite. Pour être bien reçu, apporte un camembert et une bouteille de Jack Daniels. ».

A priori, vu mon côté ours, je pensais choisir plutôt l'hôtel les nuits suivantes, tout en me disant qu'un diplomate qui boit du Jack est sûrement un type bien. Quand j'arrive enfin chez lui, après quelques péripéties dont un détour par l'Ambassade de France, protégée par ses hauts murs et son porche blindé où on ne m'attend pas, puisqu'une autre voiture est partie me chercher pour m'amener directement au domicile du Conseiller, quand on m'y amène enfin, donc, il est déjà plus de 23 h et nous faisons connaissance autour de la bouteille.

À deux heures du matin, nous sommes les meilleurs amis du monde, Denis, Jack et moi. Son appartement parisien est à cinq minutes à pied du mien (moi toujours en banlieue mais juste de l'autre côté du périphérique), nous avons des amis de trente ans en commun et, au-dessus d'un meuble, trône un ensemble de maquettes d'avions en bois poli. J'apprendrai plus tard que Denis, mon hôte que je ne quitterai pas finalement et qui me fera découvrir la ville, l'a acheté au Mali pour l'offrir quand il le recroisera… à Martin Brisac, rencontré je ne sais où sur la planète.

Avant de pouvoir commencer ma formation, il me faut récupérer mon studio. Tout est sous douane. Et, dans un pays où co-existent plusieurs économies, il faut bien que tout le monde survive. Le chauffeur de Denis, liasse de billets dans la poche, va passer une journée entière à pister mon studio dans les hangars de l'aéroport pour le dédouaner et le faire livrer le lendemain à la GBC. En attendant, pour ne pas perdre mon temps, je suis convié à une réception donnée par l'Ambassadeur de France au Novotel d'Accra. Un verre à la main, pour me donner une contenance, je suis Denis de groupe en groupe, qui me présente à des personnalités du pays, et je vérifie que je ne comprends vraiment rien à l'anglais local. Rien du tout. C'en est inquiétant.

Petit coup de couteau sur le bord d'une coupe pour attirer l'attention de l'assistance, le silence se fait, nous nous réunissons autour de l'Ambassadeur qui a l'allure et la voix du Monsieur Brun de la trilogie de Pagnol. Avec une assurance rare, il commence un discours que je me rappelle très bien : *You see, I know very well Africa, because I was born myself in Africa...* prononcé avec le pire accent franchouillard qu'on puisse imaginer ! Puisse cet homme savoir un jour combien il m'a détendu ! Car je me suis dit que ça, je savais faire ! Je respire enfin, un poids s'est enlevé de ma poitrine, littéralement.

Et la réception de continuer tranquillement, moi de vaquer de groupe en groupe, un verre de champagne tiède à la main (eût-il été frais : je n'aime pas le champagne, mauvais Français que je suis) quand je me rends compte soudain... que je comprends ce qui se dit autour de moi ! Une sorte de déclic inexplicable s'est produit en moi, j'ai intégré la musique de l'accent local et je comprends enfin mes interlocuteurs, vraiment bien, sans effort ! Très étonnante sensation. Je suis depuis resté beaucoup plus réceptif à l'afro-anglais qu'aux autres accents régionaux. Nous en ferons des années plus tard l'expérience surprenante avec ma femme, en voyage de noces en Tanzanie quand elle, pourtant totalement bilingue, avec un parfait accent américain, constatera que je me débrouille beaucoup mieux qu'elle aussi bien en transit à Nairobi qu'à Stone Town ou Zanzibar…

Mon amie Sally Messio, immense consœur camerounaise, dira de moi en riant un jour « Il est plus africain que moi ! ». Il faut dire que ce continent m'a toujours tellement bien accueilli…

Je retournerai à Accra les années suivantes. En tout trois missions, dont deux pour les radios nationales, où le jeune DG-adjoint me déclarera : « Il faut venir plus souvent : ils travaillent mieux quand vous êtes là ! ».

Peut-être parce que je ne fais pas de cours magistraux : je travaille au quotidien avec l'équipe de la radio, j'améliore ses conditions de travail en installant un studio ici, en réparant un ou deux ordis là, et me retrouvant à quatre pattes sous les tables de la rédaction de la radio nationale pour recâbler les prises RJ45[1] d'un réseau monté en dépit du bon sens.

Lors de ma toute première mission, des professionnels sont venus de l'étranger, du Nigéria, notamment, pays qui ne connaît pas la tranquillité, c'est le moins qu'on puisse dire. Un jour, l'un des journalistes venus de Nairobi me prend à part et m'explique qu'un studio numérique l'attend à son retour, pas encore déballé. Que c'est lui qui devra l'installer, le configurer, le faire fonctionner et l'enseigner à ses collègues. Qu'il doit avoir tout appris avant la fin du stage.

1. Les câbles ethernet qui se branchaient derrière les ordis avant que le wifi prenne le relais.

Il laisse un temps avant de conclure en me regardant fermement au fond des yeux qu'il sera très mécontent si ce but n'est pas atteint. Très.

Le message est passé. Il m'a payé une bière avant de partir. Mission accomplie, donc. Le conseiller de l'Ambassade de France à Nairobi l'apprendra et saura s'en souvenir des années plus tard.

Ouf…

La troisième mission, très particulière, toujours commandée par le Ministère des Affaires Étrangères français, se fera au sein d'un organisme de formation privé, auprès des jeunes animateurs des radios francophones du Ghana. Quand je reviens pour ma troisième mission à Accra, le pays a changé, et très vite. Enclave anglophone dans une région principalement francophone, le Ghana est un pays de *bizness*, comme le Malawi, ou la Zambie. Dans les entreprises, on parle budget, salaire, bénéfices, avant de parler week-end et enfants. Les étudiants de la sous-région francophone ne s'y trompent pas. Plutôt que de ruiner leur famille pour faire leurs études en France, ils sont nombreux à choisir Accra où l'Université leur apprend les affaires et l'anglais, langue du *bizness*. Ils ont leurs radios, étudiantes, confessionnelles, etc. Nous travaillons à les améliorer. Et le mercredi soir, ils transforment un quartier d'Accra en vaste boîte de nuit d'Afrique francophone. C'est magique !

J'ai découvert à Accra (mais ça existe évidemment ailleurs) cette formidable vie musicale nocturne. On peut prendre un soir une rue qu'on a l'habitude de fréquenter quotidiennement et devoir faire demi-tour car elle est totalement barrée par un énorme mur d'enceintes entassées, qui font vibrer la tôle des bars où l'on achète de la Star, la bière locale, en bouteilles d'un demi-litre. Tout cela au son du *High-Life*, cette agréable musique locale, sorte de reggae soft et sophistiqué qui aurait presque (presque, ne rêvons pas !) pu faire bouger un blanc aussi peu doué que moi.

Accra n'est pas une ville facile, elle ne s'offre pas aisément, et ma première mission a été compliquée par la frustration d'aller presque uniquement de la radio nationale à l'Ambassade de France, puis chez Denis. Ville frustrante où on ne peut pas vraiment marcher comme j'aime le faire, se perdre dans des rues commerçantes, animées.

Pourtant, grâce à Denis, j'ai pu trouver quelques clés qui m'ont entrebâillé les portes de soirées où j'ai rencontré des gens incroyables : peintres locaux, réalisateurs sud-africains, écrivain(e)s sénégalais(es) et éthiopien(ne)s, diplomates russes, chercheurs français du Muséum d'Histoire naturelle de Paris qui allaient passer en douce une glacière recelant quelques minuscules tilapias des rivières du Ghana destinés aux aquariums du vénérable musée du Ve arrondissement, une flopée d'artistes qu'il tenait parfois à bout de bras, jouant de façon très estimable le rôle de soutien de l'art local que la France lui confiait. Denis qui m'invitera plus tard à Niamey lors de sa nouvelle affectation où je partirai côtoyer les girafes et les hippopotames, ainsi que des artistes, mais cette fois pour le plaisir. À cette occasion, mes visites dans les médias locaux ou les centres de formation ne seront que consultatives. J'y croiserai des « formateurs » du service public qui tiennent toujours à apprendre à leurs stagiaires le montage sur bande magnétique alors que la fabrication en a été abandonnée et que la numérisation se généralise, sauf qu'eux ne se sont pas encore mis à jour. Il est là, le néo-colonialisme, dans ce refus de s'intéresser aux réalités locales, quand une formatrice de l'INA me montre fièrement une armoire d'enregistreurs Nagra. Évidemment, quand je lui demande à quoi va bien pouvoir leur servir ce savoir-faire quand ses stagiaires vont rentrer dans leur radio locale, la réponse est un peu floue, et la bouche pincée.

Rentrer d'Accra pour repartir à Saïgon, enchaîner un mois dans les radios nationales des Antilles[1], deux semaines en Guyane, tout ça donne un joli bronzage en plein hiver. Ce sera le programme sur quelques années.

Je suis évidemment confronté au racisme, assailli de tous les côtés. Je voudrais parler de Mike, formidable animateur de Guyane, voix magnifique, grand pro qui ne force pas son talent. Mike qui, dans mon bureau de formateur, me tient un discours que j'ai beaucoup entendu par la suite dans le réseau : « Pourquoi tu veux que je m'améliore ? Je n'ai pas d'autre opportunité de carrière, je vais rester là jusqu'à ma retraite. Comme tout le monde, j'ai tenté ma chance en métropole et comme tout le monde, j'ai fini sur Média Tropical parce que personne ne veut de mon accent. ».

C'est tellement vrai. À ma grande honte, je n'ai jamais remarqué jusque là combien nos radios refusent les accents hors métropole, voire hors Paris. Oh, il y a bien à l'époque, à la télé chaque soir, le bel accent et les belles moustaches de Michel Cardoze, qui le garde et

1. Donc : des accras, encore. Il faut bien justifier la parenthèse du titre du chapitre !

même le cultive ! Mais c'est un accent du Sud. Il y aura celui de Jean-Michel Apathie et puis quoi ? C'est joli, l'accent du Sud (comme s'il n'y avait qu'un Sud quand on est du nord de la Loire), c'est propre, poli, bien élevé. Mais d'accent du Nord, jamais. Alors d'accent créole, encore moins ! Sur LCI, à l'époque, Christine Kelly fait tout pour gommer le sien, et Audrey Pulvar n'est pas encore arrivée en métropole.

Les « métros », par contre, trouvent du boulot sans trop de mal sur les radios d'outre-mer. Seuls les bons restent, heureusement. Dans une des stations, je verrai des réalisateurs saboter sciemment le travail d'animatrices bénévoles, nées ici pourtant mais, suprême insulte, « négropolitaines », c'est-à-dire ayant passé trop d'années en métropole.

Pour ma part, deux ou trois fois, on tentera de me faire le coup du Blanc qui parle mal aux Noirs mais ça ne prendra pas, les équipes regarderont ailleurs, gênées. Attention : aucun racisme anti-blanc là-dedans, cette vaste fumisterie de racistes (blancs) honteux. Le racisme anti-blanc n'existe pas car nulle part une population blanche n'est plus mal traitée qu'une population noire parce qu'elle en a d'abord été l'esclave. Alors que dans l'autre sens, *wait for it*[1]… Ah bah oui, c'est encore justement le cas dans certaines de nos îles où les manières coloniales (ou néo-coloniales, ce qui revient au même) n'ont toujours pas disparu. Ainsi ce département français où, lors de ma venue, l'hôtel du département s'appelait encore La Résidence, ou quelque chose d'approchant,

1. Ceux qui n'ont pas vu avec délectation les dix saisons de *How I Met Your Mother* n'ont pas la ref et je ne peux rien pour eux.

comme « Au Temps Béni des Colonies », la chanson (pourtant ironique, vous pouvez vérifier...) de Sardou qu'écoutait en boucle, au premier degré, un crêpier breton et néanmoins méprisant, à Mayotte...

Partout où je suis allé en Afrique, j'ai été reçu aimablement. Évidemment, le Blanc qui arrive va consommer, « redistribuer de la richesse », je ne suis pas si naïf. Mais cet intérêt économique n'interdit pas la chaleur de l'accueil. À Paris, à l'Ambassade de Tanzanie où je demande un visa, je suis reçu avec gentillesse : une employée de l'Ambassade ira jusqu'à m'appeler sur mon portable pour que je n'oublie pas de venir le récupérer avant la fermeture exceptionnelle des bureaux pour cause de fête nationale. On fait ça, derrière les hauts murs et les portes blindées de nos Ambassades ? J'ai un doute. Pas d'angélisme dans tout ça : j'ai aussi vu des Vietnamiens me doubler sans que je puisse râler dans la file d'accueil des visas de l'Ambassade à Paris. Et alors ? La belle affaire...

Avant de quitter le Ghana, faisons un détour par le fort de Cape Coast que Denis voulait visiter en ma compagnie. À l'heure où j'écris ces lignes, Google présente ce lieu comme une « attraction touristique ». Étrange pour un fort dont les premières traces, dues au royaume de Suède, datent du XVIIe siècle et d'où des centaines de milliers d'esclaves africains jetèrent un dernier regard sur leur continent avant d'être déportés vers les Amériques.

Ce fort est une grosse maison de maître, plutôt luxueuse, posée sur d'immenses caveaux qui furent le dernier domicile en terre africaine des esclaves dont le passage a imprégné les murs. Devenu un lieu de recueillement (Google m'autorisera à préférer ce terme) pour des Afro-Américains en recherche de leur histoire, il a notamment, dix ans après moi, accueilli Barack Obama, que je ne savais pas si intéressé par mon parcours.

On ne sort pas indemne de cette visite. Denis et moi, entrés ensemble, avons marché en silence et nous sommes éloignés, partis chacun dans une direction différente et, moi qui suis le plus cartésien du monde, le moins enclin au moindre ressenti mystique, je jure que, dans un silence sépulcral, des milliers de voix m'ont interpelé et que je ressens toujours, en écrivant ces lignes, le frisson qui m'a parcouru alors.

Là, comme à Hanoï, où certains jeunes intellectuels ont su me rappeler combien « nous autres Français nous sommes toujours sentis bien chez eux », j'ai appris à faire le distinguo entre responsabilité et comptabilité. Non, je ne suis pas responsable de la colonisation, je n'ai pas à demander pardon, je n'y suis pour rien.

Pourtant, même si j'ai grandi dans une banlieue défavorisée (euphémisme pour certains qui y survivent comme ils peuvent), à La Courneuve précisément, ville longtemps emblématique de la pauvreté, de la violence et des trafics de toutes sortes, même si nous étions du côté « bourgeois » de la ville, j'ai conscience que notre petite opulence, les revenus de ma famille, les petites économies de mes grands-parents et de mon arrière-grand-mère qui firent leur carrière chez Renault, doivent quelque chose à la colonisation, précisément à l'hévéa des forêts vietnamiennes, annexées par Michelin, dont les pneus équipèrent à bas coût les véhicules de la marque.

Oui, je suis persuadé que chaque bon Français « non coupable de la colonisation » en est tout de même comptable et que la redistribution des richesses, l'abandon de la dette des pays émergents, sont une simple justice. Fin de la parenthèse : cet ouvrage se veut léger, surtout pas donneur de leçons, jamais. Que chacun se débrouille avec son histoire et sa conscience.

18

Taulier (encore, un peu)

Les années passent, les formations s'enchaînent… plus ou moins.

Dans le même temps, j'ai pris le goût d'écrire sur la radio. Longtemps après le bouquin de commande sur la gestion de l'antenne, j'ai la prétention de mettre mon grain de sel sur l'évolution de notre métier. Le formateur se sent responsable de l'avenir, a l'envie de « laisser les lieux dans l'état dans lequel on les a trouvés ». Ce que j'avais eu l'outrecuidance de réclamer à Franck Ténot. Alors forcément, c'est polémique, volontairement. Sur mon blog, dans les colonnes de *La Lettre Pro de la Radio*, j'analyse, je critique, j'interpelle, je dérange. On me remercie, on me félicite. Ou on m'engueule et m'insulte. C'est le jeu.

Et j'essaye de décortiquer les techniques, les stratégies. Ainsi ce fameux accident industriel (auquel ce directeur de RTL qui m'avait déplu dut son débarquement, il y a des fusibles à tous les niveaux) que représenta le licenciement de Philippe Bouvard et son départ des *Grosses Têtes*. Le remplacement par Dechavanne ne pouvait pas prendre : il suffisait d'avoir un peu de connaissance du métier. Si ses émissions de télé les plus fameuses (*C'est encore mieux l'après-midi*, *Ciel, mon mardi !* et *Coucou c'est nous*) ont fonctionné, c'est parce qu'il a la complicité de la caméra. Il est mignon, séduisant, drôle, mutin. Il a le sens du spectacle, du visuel. En radio, ça ne fonctionne pas. Son *Trivial Pursuit* sur Europe 1 a été un échec. Reprendre *Les Grosses* (comme on dit en interne à RTL) ? Quelle erreur ! Alors ? Comment s'en sortir alors que la brèche dans la coque atteint la cote Titanic ?

Oui, il faudra qu'il revienne. Mais, très finement, RTL en profitera pour effectuer une refonte de sa grille en faisant venir Jean-Pierre Foucault qui reprendra une émission culte de Radio Luxembourg : *Le Quitte ou Double*. Avec de grands panneaux publicitaires dans les rues et cette question posée aux auditeurs dont je me refuse aujourd'hui à croire qu'elle ne sera pas pleine de sous-entendus : « Et vous, prendriez-vous le risque de tout perdre ? ». Subtil, non ?

Heureusement pour RTL, Europe 1, au lieu de s'engouffrer dans la brèche et de capitaliser sur ce gadin historique (en plus, Bouvard, décidément petit monsieur, est allé cantiner chez Ruquier qui est le grand gagnant de l'opération), est alors perdue dans des campagnes de publicité incompréhensibles entre pêche bleue et slogans abscons, sans savoir si elle cherche encore le divertissement ou devient totalement une station d'info. Elkabbach puis tous les dirigeants suivants ont consciencieusement sabordé ce qui avait fait l'originalité et la personnalité de cette radio.

Je surveille ça. Mais je ne l'écris pas encore : à l'époque, il faut encore chercher du boulot. Ni insulter l'avenir, ni cracher dans la soupe.

Chaque été me retrouve sur RTL où les patrons jouent la tranquillité : on m'a recollé sur le morning. J'avais accepté l'idée que je resterais dans l'équipe de réserve, je rêvais toutefois du 9/11 de la semaine. Ah, animer *RTL vous offre vos vacances* ! Non, ce sera pour Éric Jean-Jean. Une nouvelle fois, me voilà bien, moi qui suis incapable de demander la place d'un copain !

On attaque donc à 5 h et c'est toujours une intense rigolade jusqu'à 6 h 30. À partir de là, je coanime avec une journaliste une sorte de tranche hybride mal fagotée mais qui sent le mauvais arrangement entre l'info et les programmes. Puis, de 7 h à 9 h 15, je deviens « speakerine ». Je donne l'heure, lance les journalistes, l'horoscope de la copine Christine Haas retrouvée après Chérie FM, et l'extrait des *Grosses Têtes* du jour. Et je m'endors doucement devant mon micro. Heureusement, les réalisateurs sont au taquet et un petit clic dans mon casque suivi d'un clignotement de mon « Rouge Antenne » me rappellent à l'ordre.

Suprême fierté : les réalisateurs qui vont se relayer sur le 5 h / 6 h 30 sont tous volontaires. Ils aiment bosser avec moi et je le leur rends bien. Alex, quand il a appris qu'on attaquait ensemble ce nouveau petit matin créé pour moi, a inventé un concept dont il a décidé que je saurais faire quelque chose d'amusant, un jeu qui pourrait paraître d'une stupidité monumentale mais qui m'apparaît comme un chef d'œuvre de radio du petit matin : le Jeu de l'Otarie. Chaque demi-heure, une chanson du répertoire de la variété française est massacrée par une otarie qui rugit en remplaçant trois mots que les auditeurs doivent retrouver. Et comme Alex est joueur et musicien, il s'amuse avec les notes et fait chanter l'otarie. C'est épouvantable et hilarant et, chaque matin, je découvre ses montages en direct, en même temps que les auditeurs, et nous pleurons tous de rire.

À chaque jeu, le standard est plein d'auditeurs réveillés par leur propre éclat de rire et qui veulent participer quelques minutes à cet apparent joyeux bordel (mais totalement maîtrisé avec toujours un œil sur la pendule). À l'époque, déjà bon nombre de matinales FM offrent un mois de salaire, le remboursement des impôts, etc. Dans ma tranche, la première radio de France (et de très loin à cette époque) offre… une montre, en plastique, logotée RTL. Et peu importe qu'on en ait déjà trois ou quatre : on joue encore parce qu'on fait partie d'une famille et que « les petits cadeaux entretiennent l'amitié ». Aucun besoin « d'acheter les auditeurs ». Il est juste important d'avoir ce petit cadeau pour les remercier d'être venus apporter leur gentillesse, leur bonne humeur, leur fraîcheur, à mon émission quotidienne. L'animateur, quel que soit son talent, ou – à défaut – son métier, est toujours le même, tous les jours, même s'il essaye de se renouveler. Et je jure que j'ai essayé ! Mais les auditeurs, eux, ils se renouvèlent à chaque appel, et mes trois auditeurs de chaque matin sont comme des chroniqueurs qui, comme je l'écrivais plus haut, enrichissent la tranche, pour leur plaisir et le nôtre.

Dès le premier jeu, c'est un succès. Pour les auditeurs des petits matins de RTL, je suis dans l'ADN de la station. Si je n'ai pas fait d'étincelle sur *Route 2000* que j'ai animée un autre été en fin de journée, c'est justement parce que ce n'est pas mon horaire favori. Jounin juste avant Zégut, c'est un mauvais casting. Mais sur la matinale, là, je suis pertinent, je me sens à ma place. J'ai grandi en écoutant Maurice Favières, le roi des *morning men*. Je me suis assis sur sa chaise encore chaude pour ma première maquette en radio. D'ailleurs, certains auditeurs, pas les plus jeunes, évidemment, me demandent de ses nouvelles ! Que je leur donne bien volontiers mais de seconde main, car je ne n'ai jamais eu le plaisir de le rencontrer.

La deuxième année où nous avons mis ce jeu à l'antenne, je me suis offert une petite coquetterie personnelle : je n'ai pas dit aux auditeurs que nous allions retrouver le même jeu. Au bout de quelques minutes, une première ligne du standard s'est mise à clignoter, puis une seconde. Rapidement, toutes les lignes sonnaient. J'ai demandé au standardiste de répondre, de voir ce qu'on nous voulait. Onze mois plus tard, les fidèles demandaient si l'Otarie revenait. Quelle fierté (partagée avec Alex, son papa, évidemment) !

Lentement, la radio change, sa direction aussi. Il y a des ambitions de renouvellement. Un nouveau directeur d'antenne me demande de rajeunir un peu les jeux. On va ralentir un peu l'Otarie. Il nous propose (car les concepts de RTL sont toujours les mêmes, relookés) de jouer au disque à l'envers. Oui, pour le rajeunissement, il y aurait à redire, je confirme... Il me demande de trouver un titre. Du tac au tac (de quelle région embrumée de mon esprit est sortie cette déplorable invention ?), je propose le... *Disk Reverse*[1].

Éclat de rire du réalisateur qui lancera la saison d'été. Air navré du directeur d'antenne qui n'a pas mieux à proposer. On va encore rire cet été, avec les auditeurs.

Je passe donc de belles semaines d'été (cinq ou six suivant les saisons), au frais dans les studios de RTL. Très au frais certaines fois puisque l'été est tout à la fois la période des grands travaux et celle des orages. Quel rapport ? On va vite constater que les deux ne vont pas ensemble l'année où l'on a déposé la toiture d'une partie de l'immeuble. Une bâche protège les locaux quand un énorme orage éclate un week-end. La bâche se remplit d'eau, jusqu'à se rompre et laisser les studios s'inonder en direct. J'entends encore cette journaliste, désormais sur une chaîne d'info, dire d'une voix un peu tremblante au milieu d'un journal « On devrait peut-être arrêter, là, non ? » en regardant, blême, les filets d'eaux qui ruissellent sur les appliques électriques. Avec un grand sourire, je lui avais répondu : « Non, tout va bien, juste peut-être évitez de poser les pieds au sol, tout de suite... ». Il faut dire que j'avais vécu à peu près l'équivalent à Europe 1 quand un accessoire féminin jetable avait bouché les toilettes des journalistes, juste

1. Note aux plus jeunes : en référence au rockeur Dick Rivers, qui avait pris lui-même ce pseudo en pensant à Deke Rivers, nom d'un personnage interprété par Elvis Presley, autre rocker, dans le film *Loving You*. Ceci n'est plus une note de bas de page mais une poupée russe !

au-dessus du CDM, ou quand une alerte à la bombe avait vidé l'immeuble, laissant seuls à leur poste les gens d'antenne…

Plaisir de la relation avec les journalistes qui m'accueillent avec le sourire, qui aiment trouver l'insolite qui conclura leur journal et attendent avec gourmandise mon commentaire. Gourmandise qui sera parfois déçue, mais elles ne m'en voudront pas. Complicité avec les grands : Bernard Poirette et son coup de fringale de 8 h 30 où j'allais au ravitaillement pour lui, l'ambiance des matinales d'une grande radio…

De temps en temps, un problème technique ou organisationnel vient exploser la routine et je me régale à chaque fois. Un jour férié par exemple, vers 6 h 20, soit dix minutes avant la fin de ma partie solo, le technicien de l'info demande par intercom à mon réalisateur si on continue bien ensuite. Rien de prévu de ce genre de notre côté. On arrive au bout de nos disques, c'est à l'info de prendre le relais. Sauf que, découvre-t-on, il y a eu une sorte de cafouillage magistral du côté des directions qui ont semble-t-il chacune compté sur l'autre pour la mise en onde de cette grille de 15 août (je crois). C'est-à-dire que l'info laisse le terrain aux Variétés, mais semble avoir oublié de prévenir.

Discothèque fermée, journalistes en service minimum, les grands journaux seront remplacés par des flashs. Je descends dans le grand studio de l'info, me place au bout de la table généralement réservée aux journalistes et, puisant dans les valises de disques qui traînent depuis la veille au soir, Raphaël, le très efficace réalisateur de la matinale info va improviser une émission musicale sans conducteur. Les disques partent sous ma voix, un échange de regard pour vérifier que j'ai reconnu l'intro et que j'ai une idée de sa durée, quelques consignes rapides dans le casque… On improvise l'émission et ce qui aurait pu être une immense galère devient en fait extrêmement excitant. Le bonheur du temps d'antenne volé, la fierté d'avoir retourné l'incident et d'en faire un moment de radio rien qu'à moi, d'entendre le directeur de la rédaction entrer dans le studio vers 8 h 30 et me dire « On n'a pas été très bons sur ce coup-là, heureusement que vous connaissez votre métier ! ». Ma grande matinale à moi sur RTL…

Cinq ou six semaines rue Bayard, ça a beau être bien payé, il faut faire autre chose le reste du temps. J'ai quitté le Cifap après une polémique de plus avec une incompétente acariâtre qui profite de la multiplicité des chefs pas toujours cohérents au quotidien pour prendre un pouvoir qu'elle n'est pas capable d'assumer au lieu de rester dans son rôle d'efficace courroie de transmission. Pas de chance, je venais de dealer mes missions pour RFO et j'allais les apporter au Cifap. « Si t'es pas content, va bosser ailleurs ! » a crié cette imbécile. Je l'ai prise au mot. Je vais ensuite monter ma propre société, pour que mes formations puissent être prises en charge par la formation permanente, l'AFDAS surtout, et je vole de mes propres ailes. Seul le regretté Jérôme Kanapa, qui n'a que faire des querelles maison quand il aime bien les gens, fera encore appel à mes services pour le Ghana.

Parmi les aventures bizarres, il faut s'arrêter un instant sur deux ovnis radiophoniques auxquels j'ai prêté plus ou moins mon concours avec plus ou (plutôt) moins de bonheur et qui m'ont valu les honneurs de services pour le moins spéciaux.

Pendant plusieurs années, j'ai participé au projet de développement (finalement avorté, dissipons tout de suite le suspense) d'une radio en AM[1]. Mes complices de l'époque étant en Bretagne, nous ne nous réunissons que rarement et avons de longues et fréquentes discussions téléphoniques. Eu égard à la qualité des communications téléphoniques de l'époque, cela se fait encore essentiellement par fixe, et mon correspondant habituel et moi-même avons remarqué certains bruits bizarres sur la ligne, des coupures intempestives de communication et, finalement, un claquement étrange vers 19 h, évoquant furieusement pour les spécialistes le bruit d'un magnétophone Revox qui démarre. Ou qui s'arrête, peut-être parce que la journée d'un fonctionnaire se termine. Au départ, car on a un peu le sens du ridicule, ni lui ni moi n'avons osé en parler à l'autre. Mais quel est notre soulagement de constater, quand l'un des deux se décide, un peu gêné, que, si cette impression a l'air un peu grotesque, elle est partagée ! Et apparemment fondée. Car oui, ça nous a été confirmé plus tard, nous étions sur écoute : un commissaire de police breton a déclaré à mon correspondant que c'était officiel : « Dès lors qu'on lance un média en France, on est sujet à une enquête. ». Oui, les RG nous écoutaient, et pouvaient même faire une

1. AM : Modulation d'amplitude, elle regroupe ce qu'on appelait avant les Grandes Ondes et les Petites Ondes. De ces dernières (les premières relevant de l'autorité européenne) on aurait pu faire un nouveau territoire, y compris numérique, aussi pratique que le DAB+, sinon plus. Du moins d'après ce que j'ai cru comprendre, du haut de mes pauvres compétences en matière de *broadcasting*…

enquête de voisinage. Je ne sais pas si ce dossier existe encore, Mais si tel est le cas, il doit être d'un ennui ! RG, j'avais dit. Mais ce n'est pas tout.

Autre projet, qui a effectivement démarré, lui, mais auquel je n'ai pas contribué longtemps pour cause d'incompatibilité d'humeur avec sa charismatique directrice : Vivre FM. Pour créer cette radio, qui existe toujours et donne la parole sur Paris aux personnes porteuses de handicap ou concernées par le sujet de la différence, on avait fait appel à moi pour créer la grille et recruter l'équipe. Directeur des programmes d'un projet éthique, voilà qui ne pouvait que me séduire, et m'inciter à beaucoup de concessions et d'avalage de couleuvres, moi qui ne les digère pas si bien.

Anne Voileau, la directrice, une femme remarquable dont le seul défaut, qui nous fâcha, était sa difficulté à déléguer, avait loué des locaux pour la radio dans une de ces impasses cossues du XVIIe arrondissement, du côté le plus bourgeois. Elle les avait choisis au rez-de-chaussée, prévoyant l'accessibilité pour les fauteuils roulants et on avait lancé le gros œuvre et l'installation des studios. L'impasse était alors en travaux : explosée par des tranchées permettant la réfection des égouts. Nos travaux traînent en longueur, tout prend du retard. Quand on en prend enfin livraison, surprise : la rue en question est désormais barrée, fermée par une immense porte en fer forgée de plusieurs tonnes qui avait été déposée le temps des travaux. Une simple petite porte piétonne encastrée à l'intérieur, à ouverture déclenchée par interphone, permet désormais d'entrer. Tant pis pour les fauteuils roulants qui passeront avec bien des difficultés. Mais le jour où je découvre cela, j'attends la livraison des premiers meubles de bureaux et du matériel de studio. Des camions vont devoir entrer dans la ruelle tout juste terminée, même si quelques égoutiers continuent d'y travailler.

Je cherche donc à actionner l'ouverture de l'énorme grille (qui doit quand même faire cinq ou six mètres de haut) quand deux voix m'interpellent. La première est toute proche : c'est un des égoutiers, goguenard : « Je serais vous, je ne ferais pas ça… », l'autre est celle de ce gorille qui arrive en courant comme un dératé du fin fond de la ruelle en hurlant que c'est interdit. Du discours mêlé de mes deux interlocuteurs, il apparaîtra alors que l'immeuble très sombre là-bas tout au fond de l'impasse, à moitié masqué par une imposante vigne vierge est… le siège parisien du FBI, qui a le droit de regard sur l'ensemble de la ruelle. Personne ne peut donc ouvrir cette grille sans une autorisation dûment signée par sa hiérarchie (qui ? Clinton ?). Mort de rire, l'égoutier m'explique que, dans le collecteur que lui et ses collègues viennent de remplacer, en partie seulement, il y a une grille à laquelle ils n'ont pas eu le droit de toucher pour empêcher d'approcher l'immeuble du FBI par les égouts. En même temps, on est quand même le pays des exploits d'Albert Spaggiari !

Je ne sais plus comment j'ai réussi à faire ouvrir la grille quand même. Et j'ai préféré regarder ailleurs quand les vigiles américains sont venus de loin surveiller notre chargement. Les micros étaient rangés dans des cartons. Mais la console… ?

Oui, si mon dossier RG est sans intérêt, celui du FBI est sûrement plus fourni. Surtout si les services américains recoupent leurs infos.

Attendez… Je ne vous ai pas raconté comment j'ai été pris en photo par le service de protection du Président des États-Unis alors que je coursais sa limousine en Fiat Panda ?

Bon, c'est bien parce que c'est vous… Un jour férié, je vais bosser à Chérie FM et, comme ça roule bien dans Paris, je délaisse le périphérique au profit des voies sur berge que personne n'a encore explosées. Plaisir de touriste… Arrivé à la hauteur du Grand Palais, je vais pour m'engager vers la droite sur le quai quand un flic en grand uniforme de parade (celui avec les petits cordons rouges ridicules sur l'épaule) me fait signe d'attendre. Soit. Ça dure. Je le regarde, l'air interrogatif, poli mais du genre bon alors quoi ? Il dit deux mots dans sa radio, écoute la réponse et me fait signe d'attendre encore. Je patiente derechef. Et soudain, me voilà projeté *Dans La Ligne de Mire*[1] ! Des limousines de la taille d'un paquebot, dont les premières clignotent en bleu et rouge, passent devant moi à toute allure. L'avant-dernière fait quinze mètres de long et est ornée de deux drapeaux américains. Bien sûr, je l'avais prévu le matin ; note pour moi-même : éviter le centre de Paris aujourd'hui pour cause de visite officielle de Bill Clinton ! Mais la note était restée lettre morte…

Et, alors que je m'imagine que le flic va me faire lanterner encore un peu, il me fait passer, aussitôt après. Moi,

1. Non, pas dans la ligne de mire, rassurez-vous : plutôt *Dans La Ligne de Mire*, le film de et avec Clint Eastwood.

je suis en Fiat Panda rouge des années 1980. Ça roule gentiment cette chose, sans plus. Ça aime modérément l'autoroute, il faut être honnête, et la vitesse parisienne est limitée. Sauf que le gentil flic m'a fait passer trop vite et que ses collègues, qui sont là pour faire joli sur le parcours de « Potus » sont toujours au garde-à-vous quand je déboule et je vois comme un peu de flottement dans le regard de certains. Arrivé au premier feu rouge, je m'arrête, un vieux réflexe conditionné, quoi. Coup de sifflet de l'endimanché le plus proche qui me somme de continuer. Puis le suivant, et ainsi de suite avec des gars qui, avec des moulinets de bras, me poussent à accélérer, comme si je faisais partie du cortège.

Moi, je commence à fouetter parce qu'on roule comme des tarés en plein Paris et parce que je vois que je rattrape le convoi, enfin parce que j'ai vu tous les films américains depuis la mort de JFK et que je crois apercevoir un objectif pointé sur moi à l'arrière de la dernière voiture du cortège, celle qui me sépare de Bill…

Bon, j'ai d'abord pensé à un téléobjectif et à ma photo scrutée en direct par des *profilers* à Washington ou à Langley. Mais c'était peut-être aussi celle d'un fusil à lunette, va savoir… Dans la ligne de mire, finalement…

Si je disparais un jour, si quelqu'un veut bien chercher du côté de Guantanamo. Merci.

Revenons à ma chronologie, déjà fort malmenée. Donc, taulier, disais-je.

Je ne sais plus bien comment je suis entré en relation avec le groupe Contact. Je crois que c'est le président d'un autre groupe, jamais rencontré, qui a fait suivre mon CV. Installé à Tourcoing, le groupe possédait la radio du même nom (qui a changé de propriétaire depuis et est partie à Lille) et venait de se retrouver marié par la grâce du CSA à la société de Patrick Chêne pour récupérer le 99.9 parisien, alias « la fréquence maudite » car aucune radio parisienne sur cette fréquence n'a réussi à percer. La radio O'FM, pendant droitier de la (presque) communiste TSF 93, devenue ensuite Sport O'FM s'appelle désormais Sport FM (oui, il faut suivre !). Contact voulait y diffuser son programme *dance*, Patrick Chêne souhaitait y faire une radio de sport. Le CSA, dont je n'ai jamais compris certaines lubies (mariages forcés, fréquences partagées…), les oblige à se rapprocher pour diffuser la musique de l'une et le sport de l'autre, démontrant par là-même sa connaissance approfondie des deux sujets. Ou pas.

C'est à ce moment-là que Didier Rigot et Jean Vandecasteele, respectivement PDG et DG du groupe m'appellent. Il leur faut un directeur d'antenne et mon profil les intéresse, mais il faudrait que Chêne soit d'accord. Merci d'aller faire ma campagne électorale chez lui. Après Tourcoing, me voici donc à Saint-Cloud, chez Sporever, tel l'aspirant académicien moyen. Chêne me reçoit, charmant, chaleureux, mais pressé. Il file trop vite, me laissant dans les mains d'un associé odieux qui ne connaît rien à la radio mais m'explique le monde. Lassé, je pose mon CV sur la table, je lui propose de le placer en regard des Médiamétrie concernés et je lui demande où sont ses résultats en radio à lui. Ce qui, comme on l'imagine bien, conclut l'entretien de manière un peu abrupte.

Quelques mois plus tard, alors que j'ai complètement oublié cette rencontre, Jean Vandecasteele m'appelle.

Chêne a jeté l'éponge, retiré son équipe, tout est à rebâtir, il faut repartir de zéro. Est-ce que ça m'intéresse toujours ?

Repartir de zéro ? Il a dit le mot magique. Bien sûr que ça m'intéresse. Même si c'est quand même assez malsain, parce que la radio est toujours installée à Sporever, chez Patrick Chêne, et que je vais croiser régulièrement son teigneux d'associé, pas trop ravi de me voir dans les murs, même s'il fait mine de ne pas me reconnaître. Un peu jeune pour Alzheimer, quand même…

Il y aura encore beaucoup de plaisir dans cette aventure, beaucoup de colère et de frustration aussi. J'ai une équipe de journalistes (ceux qui ont bien voulu rester, ou n'ont pas pu faire autrement) qui méprisent ouvertement les nouveaux propriétaires et (moins ouvertement) leur nouveau cadre : moi. Et une équipe d'animateurs que je recrute directement, en partie parmi des gens que j'ai formés au Cifap. Et s'il y a beaucoup de débutants, au moins avec eux l'ambiance est bonne. Il y a plein de patrons, dans ce groupe, qui, heureusement, ne se prennent pas tous au sérieux. Noël et Jérôme me laisseront travailler en paix, finissant par me protéger contre les fâcheux. Et il y en a.

Du côté de Contact, je dépends donc d'un PDG, d'un DG et d'un directeur des programmes. Ça fait beaucoup, même si je m'entends vraiment bien avec deux d'entre eux. On m'a aussi mis sur le dos un de ces parasites dont le métier est rempli qui viendra me pourrir la vie au quotidien. Je me bats quelques mois, je permets à la radio d'apparaître de nouveau (et pour l'une des dernières fois) dans les sondages et, arrivé au bout de mon CDD, je me paye le luxe de déclarer aux boss « Je ne vous garde pas comme patrons. ».

Qui a dit « petit con » ?

M'en fous. Ça détend.

Les formations reprennent. Les patrons de radios associatives qui m'ont connu formateur pour le Cifap me suivent quand je leur propose de nouvelles formations : *in situ*, dans leurs radios, avec leurs animateurs, salariés et bénévoles. Ils se repassent mon contact et j'ai le plaisir de m'installer pour des missions, toujours courtes : les financements sont réduits, dans des radios toujours différentes, avec des gens parfois peu professionnels, souvent brouillons, mais presque toujours passionnés.

Depuis des années aussi, par séquences, je fais des voix pour des émissions de télé. Il y a eu les *Changer de vie* de France 3, puis des émissions de relooking, des histoires de trains, d'animaux, et beaucoup d'histoires de gangsters, un carton d'audience à chaque diffusion sur Planète. Ce n'est pas très cher payé mais c'est régulier, et c'est très reposant puisqu'il y a un directeur artistique chargé de réfléchir pour moi.

Quelques étés de RTL plus tard, je découvre que Contact, ce groupe dont j'ai claqué la porte comme un malpoli, vient de racheter la Radio de la Mer. Le vieux projet de Jean-Michel Brosseau, massacré par le CSA qui a étouffé dans l'œuf toutes les velléités de projets de radios en AM, dont La Radio de la Mer, n'a pu être mené à bien. Jean-Michel avait pensé son projet pour des parisiens et en AM, il se retrouvait avec des fréquences FM sur les côtes françaises. Jean-Michel que j'avais croisé depuis des années, que j'estimais, et à qui j'avais exprimé mes doutes quant à la faisabilité de son projet. Moi qui participais à un autre projet AM tout aussi exotique et maritime, j'avais supposé que les deux radios ne seraient pas acceptées par le CSA et proposé que, si l'une des deux seulement venait à prendre vie, l'autre équipe pourrait la rejoindre. Encore une de mes brillantes idées, unanimement rejetée par l'ensemble de mes interlocuteurs !

Sans connaître réellement la teneur de la reprise de La Radio de la Mer par Contact sous la houlette du CSA (rien de ce qui concerne Contact n'était jamais simple. Idem avec le CSA.), j'envoie une proposition à Jean Vandecasteele. Pourquoi ne pas me commander une mission courte de reformatage de l'antenne, de remise à plat des concepts et surtout d'invention d'une mécanique d'antenne qui rencontre son public ?

Bonhomme, Jean me propose d'abord une rencontre puis, de fil en aiguille, de diriger l'antenne en duo avec Jean-Michel. Je suis assez sidéré par la générosité de la proposition venant de gens avec qui mes derniers rapports avaient été pour le moins tendus ! Évidemment, entre temps, Jean a pu vérifier que je n'étais pas aussi insupportable qu'on le lui avait fait croire quelques années auparavant. Toutefois, je décline l'offre car j'ai de l'estime pour Jean-Michel Brosseau et je n'ai aucune envie d'être celui qui va en permanence lui dire qu'il se goure. Car là, il se goure.

Finalement, Jean-Michel décide de quitter le groupe et je peux accepter de prendre la direction de la radio. Très élégant, il se met à ma disposition pour toute la mémoire de la radio dont je pourrais avoir besoin et me souhaite de réussir son projet en me passant le flambeau.

Je l'ai dit haut et fort, à l'époque, et je le redis aujourd'hui. Je n'ai apporté que très peu d'idées dans cette radio. Toutes les idées de Jean-Michel étaient bonnes. Ce sont les traitements qu'il fallait revoir. Tout ce qu'il avait mis comme ingrédients étaient bons : c'est la recette qui péchait (pas de bol : pour La Radio de la Mer...)[1].

J'ai donc fait ce que je fais de mieux : ne pas chercher à inventer, mais améliorer la mécanique d'antenne. Mettre en valeur les personnes, les sujets, multiplier les diffusions, prendre chaque élément et ne pas le lâcher jusqu'à ce qu'un maximum d'auditeurs en ait profité. Le budget est riquiqui, il va falloir faire des prodiges, ça m'amuse. Tous les jours inventer une nouvelle bricole qui fera l'affaire. Quand La Cité de la Mer de Cherbourg nous demande de venir faire une émission spéciale à l'occasion d'une somptueuse expo autour du film *Océans*[2], en présence de toute l'équipe, je n'ai pas un sou pour la délocalisation. On nous offre les repas et la nuit d'hôtel, je colle du matos dans le coffre de ma voiture et nous partons, avec l'animatrice. Je réaliserai l'émission moi-même, on diffusera par Skype jusqu'au studio parisien. Ce n'est pas raisonnable, c'est vrai, mais si ça ne fonctionne pas, je n'aurai qu'à m'en prendre à moi-même ! C'est bricolé, on jongle avec le décalage, je supervise avec un casque différent par oreille, celui du départ et celui du retour, j'ai un animateur stagiaire qui

1. Si on n'est pas trop intégriste sur les accents, le jeu de mot fonctionne à peu près.

2. Prestigieux documentaire de Jacques Perrin sorti en 2010.

fera la soudure pendant les deux ou trois coupures. Mais ça marche, l'excuse du direct est bonne, l'excitation qui vient avec est la bienvenue.

L'ambiance à la radio est plutôt bonne et je fais tout pour. L'ancien animateur que je suis est resté persuadé qu'une équipe qui travaille en s'amusant sera meilleure à l'antenne. En arrivant, j'ai expliqué à l'équipe que la seule augmentation que je pouvais leur proposer était celle de leur plaisir au boulot. J'ai tenu parole. Au matinalier qui déteste le morning (et qu'est-ce que ça s'entend !) j'ai proposé le *drive*[1], sur lequel il excellera. Leurs ordinateurs ramaient ? Je les ai reconfigurés moi-même. Pour ceux qui ne croyaient pas en mon projet, qui voyaient sans confiance arriver un énième sauveur potentiel, j'ai facilité leur départ, malgré le trou dans mon budget que représente la clause de cession d'un journaliste[2]. À la fin de son mois de préavis, l'un d'entre eux est venu me dire qu'il pensait avoir fait une erreur en partant, que finalement ce que je mettais en place était convaincant. Classe. Les stagiaires défilent, pas de salaire mais ils apprennent vraiment leur métier. Avec David Dumont, mon vieux complice de l'époque de Sport FM qui est venu me rejoindre pour encadrer tout ce petit monde, on écoute et on analyse leur boulot, ils sont à l'antenne dès que je valide. La radio est petite mais ils ne sont pas là pour aller chercher les cafés. Eux aussi en garderont un bon souvenir.

1. La tranche du *retour à la maison*, généralement de 16 h à 19 h.

2. Clause qui permet en gros à un journaliste de s'auto-licencier dans les mois qui suivent le changement d'actionnaire de son organe de presse en recevant des indemnités.

C'est l'occasion de faire venir à mon tour un coach pour mon équipe. Michel Brillié fera cela à la perfection avec sa gentillesse et son humour habituels. L'ensemble de l'équipe gardera un souvenir ravi des séances de travail avec lui. Michel qui parlera à la fin de cette radio d'une « belle histoire de radio et d'amitié ». C'est très vrai, et nous l'avons constaté lors d'un week-end de rentrée en équipe et en famille au Touquet, organisé de main de maître par le plus formidable commercial du groupe Contact, tellement bon d'ailleurs que son supérieur préférera le virer par peur de l'ombre qu'il pourrait lui faire.

En négociant mon contrat avec Contact, j'avais obtenu deux points importants : ne pas être à l'antenne, contrairement aux désirs de Jean et Didier, et un salaire convenable. Quand on a été enfin d'accord, j'ai expliqué que je demandais en plus à ne travailler pour La Radio de la Mer que trois semaines sur quatre, pour garder la quatrième pour mon activité de formateur et que, royalement, j'abandonnais donc un quart de mon salaire. Ça aide à faire passer la pilule.

Dans le même temps, même si je n'en savais encore rien, à Casablanca, le PDG d'une grosse radio de programme qui avait démarré récemment demandait à son DG de me contacter. Celui-ci, préférant rester le seul européen dans le potage, traînait, oubliait, avait toujours autre chose à faire. Du coup, le PDG profite d'un saut à Paris pour me rencontrer et me propose d'accompagner le développement de sa radio. Une semaine par mois, ou tous les deux mois si j'ai un autre engagement, je serai donc dans sa radio coach, formateur, consultant, donnant mon avis sur tout : les embauches, la grille, l'habillage d'antenne. Je vais même, à la demande de la toute nouvelle directrice d'antenne que je coache, enregistrer quelques *liners*[1], notamment les fréquences. En arabe, parfaitement.

Comme à chacune de mes missions exotiques, il est primordial pour moi de m'imprégner de l'ambiance de la ville où ma bonne étoile m'a fait arriver. J'avais fait pas mal de séjours, ado, au Maroc, dont ma mère, avec qui je vivais seul, s'était entichée. Marrakech, bien sûr, en bons touristes français, mais nous avions aussi visité Agadir, Fes, Meknez et Casa enfin, juste une nuit, en transit. Casa, qui m'avait intrigué et que j'étais ravi de retrouver. Et là encore, le charme d'une ville métisse : le mélange de l'architecture traditionnelle et de celle de l'envahisseur ou du « protecteur », et j'ai bien sûr conscience de la part de néocolonialisme qu'on risque de voir, et peut-être à juste titre, dans cette séduction que je ressens pour ces villes-mondes. Mais le fait est là. De ses *Twin Towers* et son centre commercial au quartier Habous, en passant par le Port et la Médina, Casa, ville bruyante, vivante, parfois vénale et vulgaire, mais enivrante aussi et tellement vraie, par opposition à la ville-parc d'attraction qu'est devenue Marrakech ou au repaire de bobos échappés du Canal Saint-Martin qu'on trouve à Essaouira...

Je dors peu lors de ces voyages : tout moment passé dans ma chambre d'hôtel me semblant un moment

1. *Liner* : Petit jingle avec une voix simple, sans musique, facile à mixer sur une introduction de disque par exemple. Ou revêtement étanche de piscine privée, mais c'est sans intérêt ici.

perdu, que j'aurais dû passer dans la rue, dans un souk, un marché, une terrasse… Je marche énormément, me perds beaucoup, me retrouve dans des endroits sombres, inconnus, sans taxi. Jamais nulle part je ne me suis senti en danger.

« Qu'est-ce que tu faisais au marché aux voleurs hier soir ? m'a demandé un jour, faussement courroucé, mon ami Anh Tuan, à Saïgon. Tu ne te rends pas compte ? Le mois dernier, un Américain s'y est fait égorger par son pousse-pousse ! » J'ai blagué : « Je ne crains rien, je ne prends jamais de pousse-pousse. ». Comment peut-on, d'ailleurs ? Il faut les voir, ces gros culs d'Européens avachis dans une sorte de calèche sans âge tandis qu'un vieux Vietnamien tout desséché souffre sur ses pédales de bois. Quelle image honteuse !

À Casa aussi, les soirées sont parfois inquiétantes. On m'a fait les poches, un soir, dans une bousculade provoquée intentionnellement. Il a dû être content le gars qui m'a piqué la carte magnétique anonyme de ma chambre d'hôtel !

Le boulot à Casa est passionnant, même si le PDG est parfois épuisant. Parce qu'il est exigeant professionnellement et humainement, mais en même temps d'une grande générosité humaine. Il m'accueille et m'offre sa confiance entière avec une telle absence de réserve que c'est ce qui, paradoxalement, me poussera à arrêter. Au bout de quelques voyages, j'ai toujours son oreille mais ce n'est plus suivi d'effets. Les animateurs travaillent mieux, mais l'organisation continue à être perfectible. Les propositions de réorganisation ne sont plus écoutées, les points essentiels sont de moins en moins traités. L'équipe, sous-payée, trouve du boulot à la concurrence, et les sondages, qui avaient décollé, retombent.

J'explique alors au PDG que je ne veux pas qu'il me tienne rigueur après ne pas avoir écouté mes recommandations, ce qui arrivera forcément un jour si nous continuons ainsi et que je vais arrêter avant qu'il me vire. À lui de me rappeler s'il désire un jour changer nos rapports. Nous nous quittons émus car, là encore, il va avoir un discours plein d'humanité et d'amitié. Nous n'avons jamais retravaillé ensemble, mais il fait partie de ces gens avec qui une discussion abandonnée des années auparavant repart au même point au premier coup de fil ou échange de mails.

Depuis que je suis à mon compte, depuis donc que j'envoie des factures à des clients, je m'attends à ce qu'un jour ou l'autre, l'un d'eux me plante. Je suis clairement pessimiste sur ce coup-là et, comme on me l'avait prédit, quand ça finit par arriver, ce sera au Maroc. Mais ce sera plus tard, dans une histoire que je ne raconterai pas maintenant car il faudrait dire que c'est quelqu'un que j'aimais bien qui s'est goinfré sur mon dos, plus un magouilleur local qui me fit les honneurs du « Marokettting », selon ses propres termes ! Et puis au fond, cette mission fut encore un plaisir, alors, avec le recul, je n'en garde que des bons souvenirs, même si je n'ai pas vu la couleur d'une bonne partie des dollars bien craquants que l'Ambassade des États-Unis avait pour nous, les deux formateurs recrutés (et floués).

Casa, c'est donc aussi l'époque de la Radio de la Mer. Chaque soir, j'appelle Paris et je fais le point de la journée avec David Dumont, mon adjoint, mon acolyte, l'homme qui bosse comme trois. Combien de fois, dans nos bureaux du XVIIe arrondissement (du côté populaire, cette fois, très sympa), je l'ai flanqué dehors vers 19 h, en lui disant d'aller au cinéma, au spectacle, au restaurant ! Chaque soir donc, on fait le point sur la boutique (qu'il tient très bien en mon absence… en ma présence aussi d'ailleurs, ce qui me permet d'être toujours sur les projets, sur l'avenir). Et, le vendredi soir, dans l'avion qui me ramène sur Orly, quand la pression marocaine retombe, je découvre que ce qu'on a fait pendant la semaine avec l'équipe locale m'apporte plein d'idées pour ma propre antenne. Et dès le lundi, à La Radio de la Mer, on bosse une nouveauté, une amélioration. En fait, je découvre que cette quatrième semaine sert quand même aussi à notre radio. J'en regretterais presque d'avoir abandonné mon quart de salaire !

Repensée, reformatée, la radio gagne des auditeurs tous les jours. De Cherbourg aux Sables d'Olonne, on sent bien que, selon la formule éculée, « tous les indicateurs sont au vert ». Une ville qui nous diffuse pendant tout l'été dans les rues piétonnes, une autre qui nous invite pour des émissions spéciales, Brest où s'enregistre en public notre Café de la Marine, formidable émission où défilent tous les grands marins francophones, encore une idée de Jean-Michel Brosseau que je n'ai fait que mettre en valeur en en faisant nos *Grosses Têtes* à nous, pour le plus grand bonheur de nos animateurs qui s'étaient persuadés à mon arrivée que j'allais mettre un terme à l'émission. Nous sommes à la magnifique Cité de la Mer de Cherbourg, à Nausicaa à Boulogne-sur-Mer…

Et puis, toujours, il faut s'amuser. Et se faire respecter, quelle que soit la taille de la radio. Il y a cette grande ville du Nord, où l'on cherche depuis des jours à interviewer le Maire, ancien ministre de Mitterrand, pour l'interroger au sujet de la grande grève qui paralyse alors la raffinerie locale. Tous les jours, on nous balade, on ne nous prend pas au sérieux. Tous les jours, c'est pour demain. Un soir, je suis dans la rédaction quand le journaliste qui est sur le coup raccroche avec un air encore plus dépité que d'habitude. « Celle-là, ils ne nous l'avaient pas encore faite : puisqu'il n'est jamais dans son bureau, d'après ce qu'on me dit, je demandais à avoir le Maire sur son portable. Réponse : il n'a pas de portable ! ». Stupeur dans l'équipe.

Comme je n'apprécie pas trop qu'on me raconte n'importe quoi, je prends immédiatement une décision. Je file en studio de production et, comme j'utilise ma voix pour une partie des promos d'antenne, pour des raisons d'économie (l'autre étant du ressort d'Isabelle Giami dont le rire a résonné dans plusieurs matinales au fil des années), je monte immédiatement *La Grande Opération Un Portable Pour Monsieur Le Maire de…*. Mon équipe est un peu inquiète… « Tu es bien sûr ? ». Oui, oui. Quelques minutes plus tard, l'opération est lancée à l'antenne et les auditeurs sont invités à venir déposer leurs vieux portables inutilisés à la Mairie. Quand le directeur de cabinet rappelle en braillant, on a fait coup double : on aura Monsieur le Maire en ligne et on a vérifié qu'on était bien écoutés sur place. Et on aura bien ri. Essentiel, toujours, ne serait-ce que pour souder encore plus l'équipe.

Tant bien que mal, avec un budget riquiqui, je vise nos villes les unes après les autres. Il reste tant à faire…

Mais le groupe Contact bat de l'aile. La Radio de la Mer est vendue pour ses fréquences à Ouï FM, je deviens momentanément directeur du décrochage, le temps de passer les rênes, et c'est la fin de l'aventure.

19

Le Net

L'été 2010, celui qui préfigure la fin de l'aventure Radio de la Mer, est aussi mon dernier été sur RTL. Pour éviter de tomber de trop haut quand ça arrivera, je suis parti chaque mois d'août en me disant que c'était peut-être le dernier. Dès 1997. Cette fois, j'avais raison. Ça tombe plutôt bien, finalement : ma vie de famille fait que je vais de nouveau avoir besoin des vacances scolaires et puis, là aussi, j'étais sur le point de m'ennuyer. Décidément, j'ai vraiment un problème avec la routine. C'est pour ça que j'ai tellement d'admiration pour certains de mes collègues qui peuvent tenir des années sur la même tranche avec le même talent, la même fougue. Je pense à Bruno Gilbert, par exemple, ou à Christophe Nicolas qui, sous ses dehors tranquilles, a réussi l'exploit de passer de Nostalgie (plus de dix ans sur le morning !) à une antenne plus jeune : RTL 2. RTL 2, dont j'ai accompagné la gestation, douloureuse, dans les sous-sols de RTL durant ma période de chômage entre Europe 2 et Chérie FM.

Jean-Pierre L'Hénan, secrétaire général de RTL alors, rappelez-vous, m'avait fait rencontrer Gaya Bécaud, grâce à qui plus tard je serai la voix d'habillage de l'antenne, et, pendant une semaine, nous avons travaillé un format révolutionnaire que Jean-Pierre avait concocté. Vraiment révolutionnaire. Logique, techniquement réalisable, économiquement très intéressant. Que des qualités, sauf une : ça n'avait encore jamais été réalisé. Bizarrement, on nous a fait bosser ça en son absence, dans son dos, en changeant détail par détail pour finir par dénaturer le projet et en faire une pâle copie d'Europe 2. À quoi bon ? Appelé à remplacer M40, le projet encore remanié voit finalement le jour quelques mois plus tard sous le nom de RTL 1, que le CSA obligera à changer pour RTL 2, de peur que les auditeurs ne se trompent dans les sondages ! *No comment...*[1] Dominique Duforest me propose d'intégrer son équipe ; j'ai choisi le retour à Chérie FM, à sa grande surprise, et je ne le regretterai pas. Le format comme le son d'RTL 2 m'ont toujours rebuté. Son slogan aussi, surtout : « Ce n'est pas de la radio, c'est de la musique ». Je me souviens d'avoir demandé à Axel Duroux : « À terme, le slogan, tu vas le retourner ? Ce n'est pas de la musique, c'est de la radio, ça sera vachement mieux, non ? ».

Non.

---

1. Au CSA, j'ai toujours été frappé par le contraste entre les décisions arbitraires de « sages », nommés politiquement et aux raisonnements absurdes, et la connaissance approfondie des dossiers des vrais spécialistes qui y travaillent, dont j'ai d'ailleurs pu expérimenter la bienveillance.

Je n'ai pas compris, je n'ai pas insisté. Je n'ai toujours pas compris, au demeurant. Chacun ses limites. Au fond, puisque ça marche…

Donc, en 2010, la radio, c'est fini. Plus d'animation d'été, plus de direction d'antenne. Là encore, pas de nostalgie, pas de regrets. Je suis content d'avoir été patron, de m'être démontré que je pouvais appliquer les principes auxquels je croyais profondément. Pourtant, là encore, gérer le quotidien avait vite commencé à me lasser malgré les rapports désormais excellents que j'entretenais avec la direction du groupe Contact qui m'avait aimablement réintégré.

Les formations dans les radios associatives, en métropole, outremer, continuent, irrégulières, souvent passionnantes, parfois compliquées. Et voilà une annonce sur le site de *La Lettre Pro* dont je me suis rapproché depuis plusieurs années pour des collaborations amicales : animation de tables rondes presque chaque année au Salon de la Radio, bientôt ma chronique mensuelle dans la *Lettre*, polémique, volontairement. Je réponds à une recherche de directeur d'antenne pour la création d'une webradio municipale. C'est la société Goom qui a le marché. On se rencontre : je suis le candidat idéal. L'un des tauliers, Freddo Pau, dont je connais la gentillesse depuis les années NRJ, aurait déclaré : « Si Jounin est preneur, on annule tous les autres rendez-vous. ». Je n'ai pas vérifié la véracité de l'anecdote, elle me va comme ça !

La webradio, il y a déjà un bout de temps que je joue avec. Personne ne sait encore bien ce qu'on va faire là, mais tout le monde sent bien qu'on ne va pas y échapper.

Depuis de nombreuses années, je l'ai dit, je gère (pour le Cifap tout d'abord puis pour le compte de ma propre société) des stages pour le CNRA et les radios associatives.

Formidable expérience avec une multitude de jeunes collègues inventifs, drôles, remuants, parfois totalement immatures mais avec qui j'ai des rencontres stimulantes. Juste avant le Congrès 2001 du CNRA[1], me semble-t-il, à Prapoutel - Les sept Laux (si, si, ça existe !!), nous serons coincés une semaine durant dans une sorte de VVF ouvert pour nous seuls. Je suis venu en voiture quand on les a déposés en minibus. L'ambiance *ashram* me pèse un peu. Un soir, je craque et vais passer la soirée à Grenoble. Je remonte alors que des flocons commencent à tomber. Il était temps : le lendemain matin, ma voiture a disparu sous la neige qui s'est amoncelée durant la nuit. Mes jeunes, qui vivent les uns sur les autres depuis une semaine (on entendra cette phrase comme on veut), surnommeront cette expérience « La Promo *Shining* » !

En 2002, la semaine mensuelle que mes stagiaires devaient passer avec moi doit se terminer par la retransmission sur le net des travaux du congrès annuel de la confédération. Une sorte d'exercice grandeur nature. Seul problème aux oreilles de l'observateur extérieur que je suis : les journées de congrès sont d'un soporifique achevé, et il est inenvisageable pour moi de retransmettre tout cela tel quel. Je décide donc de créer une grille des programmes avec tables rondes, infos, reportages, interviews et de faire vivre ce congrès, à côté

1. CNRA : Conseil National des Radios Associatives : l'une des deux fédérations nationales avec le SNRL.

de ses débats, et d'en profiter pour faire de la radio pour les gens de radio. Quand on me parle de programmation musicale, j'explique que je ne veux aucune musique car les auditeurs, qui sont encore majoritairement sur des modems 56k[1], ne vont pas se brancher pour écouter autre chose que notre programme : la promesse de la radio, à savoir les travaux du congrès.

Expérience passionnante, belle réussite d'une équipe de stagiaires, tellement fiers de leur boulot qu'ils n'arrivent pas à aller se coucher le premier soir alors qu'on attaque tôt le lendemain matin.

À côté de cela, dans mon coin, j'ai aussi, au fil des années, tenté quelques aventures sur le net, avec l'outil Radionomy de sinistre mémoire (formidable idée de départ, terriblement mal exploitée) et notamment autour de Radio Trousseau, la radio des enfants de l'hôpital Trousseau dont j'ai été une vingtaine d'années le responsable. Avec un bénévole, pâtissier et fan de radio, nous avions inventé un programme musical pour enfants, qu'il gérait avec talent, diffusé notamment toute la journée à Trousseau mais écoutable aussi à domicile, dans lequel nos bénévoles qui faisaient sur place des émissions quasi-quotidiennes venaient décrocher. Notre expérience a déclenché d'autres projets, dans d'autres d'hôpitaux, pédiatriques ou non. J'ai tenté de fédérer tout cela, de mutualiser besoins et ressources, de trouver des financements auprès de fondations. Rien n'a fonctionné. Il faut croire que je ne suis pas doué pour aller chercher

1. Si si, vous savez ce que c'est. C'était avant la fibre, avant l'ADSL, avant que le téléphone passe par Internet. Quand Internet passait par le téléphone et que ça faisait : « SSSSiiiii, biiiiip, krrr krrr krrr… ». Ah !

des sous. Et craignant une hégémonie des autres, chacun préférait un tout petit chez soi qu'à une belle maison commune. C'est ainsi que j'ai abandonné le projet Radio Ambroise Paré, à l'Hôpital de Boulogne-Billancourt, le jour de son lancement alors que je le portais à bout de bras avec quelques autres bénévoles depuis trois ans. Lors du pot de départ de Martin Brisac, dans une boîte parisienne qui appartenait à mon boss du moment qui avait racheté MFM, j'ai rencontré Arnaud Lagardère, très cool, accessible, affable, léger bien sûr mais sympa. Alors que chacun faisait la queue pour tenter de décrocher un job, moi je lui ai dit que je voulais lui demander du pognon. Je lui ai parlé des radios d'hôpitaux, des enfants malades, de philanthropie et j'ai ajouté, très sérieusement, que voir une plaque à l'entrée du studio « offert par la Fondation Lagardère », ça ferait bien pour un marchand d'armes. Silence atterré autour de moi, tous les copains qui étaient là s'évanouissent dans la stratosphère… Je me ferai engueuler de tous les côtés : quoi ? J'ai osé traiter Lagardère de marchand d'armes ? Ben oui, les gars : il sait comment il gagne sa vie, à l'époque, Arnaud ! D'ailleurs, il n'a pas cillé une seconde et a trouvé que c'était une bonne idée… qui s'est enlisée ensuite dans les mauvaises volontés de son entourage, mais c'est une autre histoire…

Sur ce genre de projet, bénévoles, j'insiste, on rencontre toujours quelques minables, plus ou moins célèbres, qui viennent deux fois offrir du temps ou du matos déclassé et inutilisable devant des caméras et des photographes. Une vedette de la télé, sale type mais talentueux animateur et bon patron pourtant, s'est ainsi grillé auprès de mes jeunes bénévoles, lycéens du XIIe arrondissement, qui savaient bien que rien dans l'article d'un journal de télé n'était vrai. Une autre s'est bombardée directrice des programmes de Radio Trousseau pour se faire embaucher à Europe 1. Chroniqueuse durant quelques années là, puis dans une chaîne de télé où sa « gouaille » (parlons plutôt de vulgarité) ne pouvait que séduire, elle est depuis longtemps repartie dans les oubliettes des médias[1]. Les bénévoles, les vrais, sur ce genre de projet, ne font pas de publicité autour de leur engagement, sauf s'il leur permet de ramener des fonds pour une cause. Ce n'est pas simple d'utiliser sa notoriété pour la mettre au service d'une cause sans sembler en tirer de la publicité. Jean-Jacques Goldman a fait ça formidablement bien pour les Restos du Cœur, Laurent Petitguillaume également pour plein de causes. Moi, je n'ai jamais su. Pas assez célèbre pour que le soupçon de récupération n'apparaisse pas. Ainsi, dans les interviews données dans les médias sur Radio Trousseau, je suis toujours resté en retrait ou, au pire, je fus cité comme « Remy, professionnel des médias ». À l'exception d'une interview sur Le Mouv' (dont je ne craignais pas trop l'exposition !), par amitié pour le patron, Marc Garcia, qui semblait y tenir.

Pour les vingt ans de Radio Trousseau, là aussi, on avait émis sur le net, avec la complicité active de Stéphane Lacombe, vrai amoureux du média, devenu le

1. Sur ces gens peu fréquentables, citons aussi ce responsable informatique d'un grand ministère qui m'appelle pour me dire qu'il a plusieurs ordinateurs à me donner pour nos activités au sein de l'hôpital. Je viens les chercher et je me retrouve avec une collection de trucs déclassés, inutilisables, parfois même déjà cannibalisés par ses soins. En me les refilant, il évitait ainsi de payer une taxe obligatoire de recyclage.

premier spécialiste du streaming en France longtemps après avoir créé le premier site Minitel consacré à la radio, référence dans la profession, Stéphane qui avait aussi streamé ma radio du CNRA deux ans plus tôt.

Enfin, de façon totalement personnelle et rejoint par quelques copains, j'avais aussi créé la Radio Parisienne, sur laquelle nous diffusions des sujets sur les expos, les spectacles, tout ce qui nous faisait envie. Excellente manière de se faire inviter dans les salles, aux meilleures places, et de visiter les expos avec le commissaire. L'ambition, évidemment, était de trouver un financement, ou de la vendre. Là encore, j'ai dû admettre que ce n'était vraiment pas mon truc et nous avons finalement arrêté le stream et gardé le site, qui changera de nom, en mettant uniquement les sons en podcasts, pour le plaisir. La marque a changé depuis, élargie à la banlieue en devenant Big Paname.

Du coup, quand il faut lancer la webradio municipale, j'ai le format tout prêt, j'ai toujours le savoir-faire technique et l'autonomie nécessaires pour travailler seul à mi-temps dans la ville en question.

À mon arrivée, rien n'est prêt. À peine livré, le matériel n'est pas installé. Avant même de câbler le studio, je monte les fauteuils et le canapé commandés chez un fournisseur suédois fameux. Puis je configure mon studio tandis qu'on me promet toujours pour demain la visite du technicien maison. Ah, les rapports avec la maintenance ! Depuis Contact, je sais qu'il vaut mieux se débrouiller seul. J'ai pris l'habitude de relancer seul le serveur en panne, de le remplacer moi-même quand je change de fournisseur de stream et, je l'ai dit, de reconfigurer moi-même mes ordinateurs. Et, depuis TSF 93 ou mes aventures au Ghana, je suis tout à fait capable d'installer un studio tout seul. Ce ne sera d'ailleurs pas la dernière fois qu'il me faudra fabriquer mon outil de travail et celui de mes stagiaires.

Là encore, l'aventure sera passionnante car j'adore lancer les projets. Pourtant, l'ambiance est lourde. Dès mon arrivée, je suis pris en tenaille entre le directeur de cabinet du maire et mon employeur, fournisseur de la mairie, en raison de tensions qui me dépassent et datent de plusieurs mois. Je découvre les joies de la politique municipale. Le vieux député-maire local, vieille gloire oubliée du mitterrandisme révolu et quelque peu vermoulu, vient de laisser son fauteuil à son dauphin qui peine à exister en gardant son bureau d'adjoint sous les combles de la mairie, tandis que le vieux lion conserve, comme député, le grand bureau du bas.

Je vais découvrir qu'un maire fraîchement élu derrière le dos des électeurs (qui avaient, eux, réélu le vieux lion avant que celui-ci ne cède son fauteuil tiède à son dauphin) peut faire des promesses en public à des vieux présidents d'association qui se rappellent l'avoir connu en culottes courtes (sic) et que son directeur de cabinet peut passer derrière et mettre son veto. Durant les près de trois ans que durera cette aventure, le « dircab » me mettra des bâtons dans les roues, son acolyte responsable informatique traînera des pieds pour me donner la moindre connexion, essentielle évidemment, et plombera mes directs. Cela se terminera en conflit ouvert dans le bureau du maire d'où il ne sortira pas grandi. Ambiance…

Pourtant, en studio, je prends beaucoup de plaisir. J'anime en autoréalisation des directs avec les jeunes rappeurs de la ville, j'enregistre de longues interviews des personnalités locales, des gens qui n'ont rien à vendre, aucun service après-vente à effectuer, et se livrent difficilement alors qu'elles ont un passé passionnant à livrer. À moi de parfaire ma technique de l'interview. Formateur, j'ai toujours répété au sujet de l'interview qu'il n'y a pas de mauvais clients, il n'y a que de mauvais interviewers. À moi d'appliquer. Je me régale.

Je forme quelques bénévoles au reportage, je leur confie des enregistreurs numériques. Ils me rapportent leurs sons bruts avec lesquels je produis des sujets qui sont diffusés dans le flux et, au bout d'une grosse année de négociation avec la mairie, sur la page Facebook de la radio qui m'offre une plateforme de podcasts gratuite et idéale.

La radio a disparu depuis : eux continuent, la mairie ayant eu la bonne idée de mettre le studio à disposition d'une association locale qui a repris le flambeau, différemment.

Heureusement, je continue à m'absenter régulièrement pour des formations dans des radios associatives, je vois du pays, d'autres gens.

Et, un jour, je reçois le coup de fil qui va donner encore un nouveau départ, lancer de nouvelles aventures, toujours plus passionnantes.

20

Les Comores

Dans cette petite ville de grande banlieue, là où je fais vivre ma webradio municipale, le studio, très plaisant malgré quelques défauts sans importance, est en sous-sol, et le réseau passe très mal. Je sors donc dans le froid pour prendre cet appel.

À l'autre bout, un chargé de mission de CFI, l'une des sociétés de l'audiovisuel extérieur français, me demande si je serais intéressé par une mission aux Comores. Attention, précise-t-il tout de suite, c'est une mission compliquée, dans laquelle je serai livré à moi-même. Un pays pauvre, lointain, où tout est à faire. Bref, tous les arguments pour que je réponde d'entrée un oui franc et massif. Les fameuses missions « bite-couteau » du regretté Jérôme Kanapa…

Il faut savoir que l'un des points forts de mon CV, pour CFI, et pour cette mission précise, est d'avoir mené une mission à Mayotte, dont peu de gens savent qu'il s'agit d'un département français, le tout dernier en date et en numérotation, que la plupart de mes contemporains, moi le premier avant, seraient bien incapables de situer sur une carte du monde. L'autre point fort, c'est que l'un des cadres de la maison était le conseiller d'ambassade de Nairobi et qu'il se souvient des commentaires de mon stagiaire nigérian à son retour d'Accra.

Alors, plantons le décor. Les Comores, jusque dans les années 1970, c'est un confetti d'empire, une colonie qui rêve d'indépendance, le théâtre des exploits d'un des derniers « affreux », ces mercenaires, anciens de services tout aussi secrets que crapoteux, qui ont pratiqué depuis la fin de la Seconde Guerre mondiale l'assassinat d'hommes politiques africains sous tous les régimes[1]. Il s'agit d'un archipel formé de quatre îles situées entre l'Afrique et Madagascar : Anjouan, Mohéli, Mayotte (elle-même formée de deux îles rapprochées : Grande Terre et Petite Terre) et Nzazidja (*aka* Grande Comore) où Bob Denard, sinistre crapule paramilitaire, a tenté à plusieurs reprises de devenir roitelet au son du canon.

Au milieu des années 1970, Jacques Chirac, alors Premier ministre de Valéry Giscard d'Estaing, décide d'accorder son indépendance au pays qui se proclame alors République des Comores, Union des Comores, ou encore République Démocratique des Comores selon la période. Un détail, tout de même : parce que ce grand pays hégémonique que se veut toujours la France doit garder des bases militaires un peu partout sur la planète, même à deux heures de vol de la Réunion, Mayotte, elle, par le fait du prince, restera dans le giron de la

1. . Lire à ce sujet le passionnant ouvrage collectif *Histoire Secrète de la Ve République*, sous la direction de Roger Faligot et Jean Guisnel, Éditions La Découverte, 2006.

République Française jusqu'à accéder par référendum, au début des années 2000, au rang de département.

Quelques années auparavant, je suis intervenu à Radio Mayotte, antenne alors fort mal lotie. Le peuplement de Mayotte est simple : en Petite Terre, une partie des administrations, les képis de toutes les formes (PAF, Légion Étrangère, Armée…) et en Grande Terre la vraie population locale, la vie réelle, mais aussi la pauvreté, les bidonvilles de Mamoudzou, etc. Entre les deux, vingt minutes de traversée sur *La Barge*, le bac où je découvre l'humour et la joie de vivre des Mahorais qui chahutent, rient beaucoup, et l'allure étrange des femmes sous leur « masque de beauté » qui, aux yeux du voyageur non prévenu, ressemble à une sorte de bouillie pour bébé, blanche ou jaune, mal étalée sur le visage. Très intelligemment, la compagnie Air Austral, qui dessert Mayotte depuis La Réunion, diffuse alors durant le vol un petit film qui me permettra de comprendre l'utilité de ce masque de beauté et de m'y habituer rapidement.

Fatalement, restée française, Mayotte attire une partie de la misère de l'île la plus proche, Anjouan, et chaque jour des clandestins qui ont échappé au naufrage et à la noyade abordent les côtes mahoraises pour se faire soigner à l'hôpital, y accoucher, etc. Ce qui permettra à un certain président de la République de placer un fameux trait d'humour pour le moins mal venu en parlant de ces embarcations traditionnelles, les *kwassa-kwassa,* qui « apportent du Comorien ». Passons.

Passons surtout sur les dizaines de morts estimées annuellement pour cette traversée de soixante-quinze kilomètres dans des embarcations taillées pour le cabotage, puisque cela amuse le CEO de la *startup nation*.

J'ai passé une semaine étonnante à Dzaoudzi voici quelques années, je suis donc évidemment partant pour cette mission à Moroni, sur l'île de Nzazidja, capitale de cette République islamique.

Mission étrange, complexe, aux enjeux multiples, car la France n'avait offert une aide financière que pour une action de renforcement du français dans le corps enseignant, notamment à l'Université de Mvouni. Mais le directeur de l'ORTC (Office de Radio-Télévision des Comores), l'audacieux Soilihi Mohammed Soilihi, alias SMS, a détourné astucieusement une partie du projet en expliquant que le renforcement de la langue française, toujours théoriquement langue administrative, passerait aussi par les médias. Il a ainsi obtenu la possibilité de ne pas seulement former ses propres équipes (au français… et surtout à la radio et à la télévision) mais aussi le plus grand nombre possible de professionnels du pays. Il a négocié avec les radios locales des trois îles qui ont toutes envoyé des représentants pour travailler avec nous. Plus tard, déclare-t-il à mon arrivée, il pourra ainsi puiser dans le vivier des professionnels formés pour étoffer son équipe dans la seule radio et la seule télévision nationales. Projet ambitieux, qu'il nous a présenté honnêtement dès notre arrivée.

Nous, c'est moi pour la radio bien sûr, mais c'est aussi une personne hors du commun dont je fais la connaissance à l'aéroport de Moroni, à l'issue d'un voyage surprenant.

Pour rejoindre Moroni depuis Paris, l'un des itinéraires est, via Kenya Airways, de faire escale à Nairobi pour la nuit puis de prendre un autre vol le lendemain pour Moroni. Mais l'arrivée à Nairobi est compliquée car, comme on va quitter l'aéroport pour passer la nuit dans un hôtel fourni par la compagnie aérienne, il faut acheter un visa de transit, ce qui représente cette première fois environ quatre heures de queue. Précisons que l'aérogare internationale de Nairobi, l'un des plus grands hubs de la région, a entièrement brûlé quelques semaines auparavant, et que les vols internationaux sont désormais traités en partie par l'aérogare des vols domestiques, grâce à des bureaux provisoires installés dans le parking couvert de l'aéroport. Tous les écrans sont éteints, tout ce qui concerne les départs, les arrivées, les transits, toutes les annonces se font par haut-parleur. Et il y a au bout du compte très peu de retards dans les vols. Derrière l'organisation locale, il y a l'aide chinoise, qui participera à la reconstruction expresse d'une aérogare somptueuse en un temps record.

Dans le bus qui nous emmène du premier avion jusqu'à cette aérogare de fortune, je suis abordé par une dame un peu timide, comorienne, qui me demande si je suis en transit pour Moroni. Devant ma réponse positive, elle me demande si nous pouvons transiter ensemble car elle ne parle pas un mot d'anglais. Je prendrai l'habitude à chacune de mes futures escales de prendre en charge un groupe de Comoriens, un peu paniqués par l'immensité du lieu, pas peu fier pour ma part, finalement, de guider des Africains sur leur propre sol. Cette dame, elle me l'apprendra plus tard, est membre du gouvernement comorien, ministre, en partie par la grâce de la « gouvernance tournante » qui veut que le pouvoir alterne régulièrement en fonction des îles dont les ministres sont originaires. De toute évidence, elle n'a aucune idée des passe-droits que son passeport diplomatique pourrait lui valoir puisqu'elle a attendu comme tout le monde pendant quatre heures son visa de transit. Je devrai d'ailleurs me fâcher pour elle le lendemain lors de l'embarquement pour le dernier vol quand on lui mettra des bâtons dans les roues alors que je viens de passer sans encombre le même portique. Retournant sur mes pas pour l'épauler, j'explique vertement aux agents de sécurité que la dame est ministre dans son pays et je lui propose d'exhiber son passeport diplomatique, devant lequel ils seront brusquement beaucoup plus aimables. Renfrognés, mais aimables, avec ostentation mais sans sincérité et sans doute impressionnés par la colère du « blanc ».

À la douane de Moroni, je n'ai pas de visa à produire, c'est la radio qui devait y pourvoir. On me fait attendre. Quand il ne reste plus que deux personnes, je fais la connaissance de l'autre : la formatrice venue pour la télé. Ancienne présentatrice vedette du journal télévisé du Cameroun, Sally Messio est une de ces incroyables personnalités comme on n'en rencontre pas beaucoup dans une vie. Jeune fille rebelle face à son père et à sa situation de jeune femme théoriquement soumise, femme émancipée, journaliste exigeante, devenue présentatrice du journal télévisé du soir, elle fut un jour embarquée au commissariat pour avoir refusé de diffuser en entier le discours du président de la République dans son JT et avoir, comme elle l'avait appris lors de ses études en France, fait un résumé des propos tenus.

Icône de la liberté de la presse, elle est encore aujourd'hui un modèle pour tous les jeunes journalistes africains. Cheffe d'entreprise, directrice de rédaction, des programmes, elle a tout fait, parfois en même temps. Durant deux semaines passées dans le même hôtel, j'aurai le privilège de dîner chaque soir avec elle et de la faire parler, encore et toujours.

En fin de journée, quand nous ne rentrons pas trop tard de la radio, nous allons traîner dans les rues, au marché de Volo-Volo tout près. Plus loin dans le centre-ville, Sally se perd, je lui fais prendre des petites rues, je refuse le taxi pour rentrer et nous balade en prenant des raccourcis alors qu'elle a perdu tout point de repère. C'est quand je lui fais remarquer qu'on est déjà passés trois fois devant la mosquée dont la photo trône sur le comptoir de la réception de l'hôtel qu'elle éclate de rire et décide que je suis « plus africain » qu'elle.

La radio et la télévision des Comores sont les médias les plus pauvres qu'on puisse imaginer. Le bâtiment qui les abrite est spacieux et plutôt récent. Nulle inscription sur l'immeuble. Juste un calicot qui présente la fréquence… de la radio chinoise francophone qui a offert l'immeuble à l'ORTC ! L'architecture, d'ailleurs, est mi-africaine mi-orientale, c'est surprenant. Le seul studio de télévision, qui sert à l'enregistrement du JT qui n'est jamais en direct à cause des coupures de courant récurrentes, possède un fond vert et deux caméras installées côte à côte. Le studio de radio, lui, est équipé d'un seul micro, un truc que je n'ai jamais vu de ma vie : c'est une capsule omnidirectionnelle placée sur une plaque de métal qui prend le son de toute la pièce. On m'expliquera qu'il s'agit d'un micro utilisé pour les captations de pièces de théâtre. Dans la régie, quelques vieux PC avec Audacity (logiciel de montage libre et gratuit mais limité) et pour la diffusion, un logiciel de DJ gratuit dégoté sur le net.

Il y a aussi un grand studio, superbe, équipé d'un vrai micro d'enregistrement, qui me servira de salle de cours devant des professionnels assis sur de pauvres chaises en plastique de camping ou sur les tapis de prière posés au sol, sans doute pour absorber la réverbération sonore.

Bloquer ce studio pour ma venue est une preuve de la bonne volonté de la radio qui fait l'impasse sur une source de revenus non négligeable puisqu'il est souvent loué à de jeunes rappeurs qui viennent y enregistrer leurs maquettes, et parfois plus. Le rap comorien s'apprête alors à arriver en France grâce à une forte diaspora et à des échanges permanents. Les Français sont sur le point de découvrir Soprano…

Ils sont nombreux à participer à cette formation, trop pour qu'on puisse vraiment faire des ateliers, comme l'aurait aimé le donneur d'ordre à l'Ambassade. D'ailleurs, avec quel matériel ? Il faut maintenir l'attention d'un groupe fatigué, qui a chaud. L'immeuble a été climatisé, mais les coupures de courant puis le mauvais entretien des filtres et du méga-groupe électrogène qui devait suppléer aux coupures ont eu raison du matériel. Désormais, quand la lumière s'éteint, nous plongeant dans le noir absolu et surtout arrêtant les quelques ventilateurs qui brassent sans espoir un air étouffant, il faut attendre que le technicien de maintenance aille mettre en route le petit groupe de remplacement qui ne fournit en énergie qu'un nombre restreint de studios, dont le nôtre heureusement. Parfois, il faut attendre plus longtemps, car le technicien doit alors aller acheter l'essence qu'il n'a pas toujours d'avance, et donc trouver le directeur de la radio pour lui extorquer quelques billets.

Pour les professionnels qui viennent de loin, qui ont dû patienter parfois longtemps pour trouver le taxi collectif qui allait dans la bonne direction (certains doivent en prendre trois successifs pour arriver jusqu'au centre de Moroni où l'ORTC envoie encore à l'époque un minibus pour les amener à Istandra, en banlieue, où se trouve la radio), c'est l'occasion inespérée d'un somme sur le tapis du studio. Pour le formateur, c'est une gageure : intéresser ses collègues, les relancer, les motiver, tout en voyant des paupières qui se baissent inexorablement.

Sally et moi sommes formidablement accueillis. Ils ont compris ce que nous sommes venus faire, et dans quel esprit, et veulent bosser. Les filles surtout.

Explications.

Les Comores, résumait très bien un journaliste récemment, est un pays matriarcal où les hommes ont le pouvoir. Ce sont les hommes qui dirigent, discutant durant des heures sous l'arbre à palabres, ce sont eux qui siègent aussi bien dans les réunions traditionnelles que dans les assemblées démocratiquement élues, plaquant maladroitement un système électoral occidental sur des coutumes ancestrales. Pendant ce temps, les femmes travaillent (dans les administrations, des magasins...) puis vont aux champs, ensuite au marché pour y vendre leurs produits et rentrent finalement à la maison pour s'occuper de leur famille. Dans ce pays de tradition polygame, l'homme peut encore répudier une épouse (comme c'était encore le cas d'ailleurs quand je suis allé à Mayotte, tout territoire français qu'il était). Et la femme sera couverte de honte si elle n'a pas offert à son mari les « beaux habits » qui feront honneur à son rang.

En contrepartie, règne ici la tradition du Grand Mariage, par laquelle doit passer tout homme qui veut devenir un notable. Tradition qui le ruine pour des années et surtout transfère une partie de la propriété (la maison, en particulier) à l'épouse qui la gardera, y compris en cas de répudiation, même si elle y a elle-même acculé son mari pour gagner sa liberté.

Aussi grossièrement résumé, ça peut paraître surprenant. La réalité, plus fine et nuancée, l'est encore davantage. La tradition locale donne de ce fait une sorte de sécurité aux femmes qui y ont gagné une autorité et une affirmation particulières. Ainsi, pendant que les hommes palabrent et se disputent la gestion tournante du pays (entre représentants des différentes îles), les femmes, à l'ORTC comme ailleurs, sont au charbon. Ce sont elles qui animent les tranches importantes de la radio, elles qui présentent le Journal Télévisé, elles qui partent en reportage, et pas seulement pour des sujets de société, elles qui animent les émissions de sport, de foot, etc. Ce sont elles aussi qui seront les meilleures élèves de notre formation. Elles ne laissent pas Sally s'en aller le soir, Sally qui les materne et s'épuise à leur donner le meilleur d'elle-même avec sa générosité naturelle. En ce qui me concerne, c'est plus compliqué : celles qui sont sorties du lot ont toutes été accusées de coucher avec le DG. Alors avec le formateur français, c'est plié d'avance, leur réputation est foutue. Elles sont donc plus distantes avec moi, mais ça bosse sérieusement.

Nous ferons une émission, bricolée avec mon matériel personnel apporté à tout hasard : un simple enregistreur numérique et mon PC, équipé de quelques logiciels de production de son. En fin de journée, on m'emmène sur des enregistrements d'émission, des productions de jingles. Là encore on utilisera ma voix pour le plaisir de m'entendre faire une promo d'antenne. Le week-end, je suis invité à visiter des radios locales, dont mes stagiaires de la semaine me font les honneurs en costard-cravate. C'est passionnant et humainement très riche. Le soir, on déguste des *mabawas*, ces ailes de poulet marinées dans un mélange local très relevé (à base d'ail, de moutarde et de piment), un délice. Le dernier jour, un vendredi, tout le monde a disparu pour la prière de midi, mais on a rendez-vous pour la fête de fin de formation dans les locaux de la radio en fin d'après-midi. Vers 16 h, nos stagiaires reviennent mais tout ce monde (qui portait le matin les habits du « dimanche », comme dirait Rabbi Jacob) s'est changé : foin de costumes de la semaine ou de djellabah du vendredi pour les hommes. Tout le monde est en jean et t-shirt. Quant aux jeunes femmes, elles portent toujours le voile, mais les longues robes habituelles sont remplacées pour elles aussi par des t-Shirts (vite mouillés de sueur) et des jeans moulants. Et ils vont danser de langoureux slows collés / serrés sur un zouk garanti pur sucre (de canne). Attachant pays de paradoxes qui ne se livre qu'au fil des années…

Il y aura encore deux missions à Moroni. Pour la deuxième, je viendrai, comme je l'ai fait des années auparavant à Accra, avec un studio complet. Pendant la première semaine de stage, en attendant mon studio qui est bien sûr en retard, nous préparerons une grande émission. Mon week-end se passe à monter et configurer le studio enfin arrivé, puis à faire le tour des quincailleries de Moroni pour trouver deux câbles et trois adaptateurs pour remplacer ce que le fournisseur a oublié. Le lundi, je leur remets les enregistreurs numériques et les reportages commencent. J'ai aussi prévu un insert téléphonique mais, comme la radio ne dispose que de deux lignes fixes (l'une dans le bureau du DG, l'autre dans celui… du DG adjoint !), j'ai trouvé un insert Bluetooth qui se reliera au portable pour lequel nous aurons aussi acheté des crédits. Car tout ce qui est évident et facile pour nous est compliqué et cher là-bas. Surtout pour des journalistes et animateurs qui peuvent parfois attendre leur salaire pendant huit mois ! Alors parler de note de frais, inutile.

Au moment de cette deuxième mission CFI auprès de l'ORTC, la direction a changé. SMS est tombé en disgrâce, comme il s'y attendait d'ailleurs. Il sera bombardé ambassadeur auprès de l'ONU, une bonne façon de l'éloigner. Le nouveau DG n'attend qu'une chose de la France : un billet d'avion pour venir faire du shopping à Paris. Il accepte donc de plus ou moins bonne grâce ma nouvelle mission, mais les conditions se sont encore dégradées. Plus aucune voiture, ou presque, pour aller chercher le personnel qui doit venir par ses propres moyens. Dans le même temps, poussé par la pression internationale, le pays organise ses premières élections ouvertes aux candidatures féminines, des élections locales, simplement. Un tiers des sièges devra obligatoirement être occupé par des femmes. Nous allons produire deux émissions sur le sujet, qui ont pour but d'expliquer les enjeux aux auditeurs et de convaincre les femmes de rejoindre les listes de candidats, et d'aller voter. Le pays est en effervescence sur le sujet, mon équipe aussi. Ça s'engueule ferme, en français d'abord puis, quand on considère sans doute que ça ne me regarde plus, en shimaoré ou en arabe. Hommes et femmes se déchirent dans l'équipe, comme à l'extérieur, mais le travail avance. Les émissions prennent forme et, en une semaine, malgré les soucis de déplacement (la radio « oublie » jour après jour de mettre une voiture à notre disposition), les rendez-vous manqués, le manque d'habitude de l'interview par téléphone, elles seront enregistrées, montées et mixées avant mon départ. Prêtes à être diffusées par l'ORTC et mises à disposition de l'ensemble des radios locales.

L'année suivante, l'Unesco, pour sa journée internationale de la Radio, les mettra au programme. Je veux croire que, à un moment crucial de l'histoire du pays, notre travail a pris sa part dans la conquête de la démocratie par les femmes, qui tiennent ce pays à bout de bras.

Pourtant, ça avait failli mal tourner. Une semaine avant mon départ à Moroni, je rentrais de Guadeloupe où je venais d'intervenir deux semaines dans les studios de la radio nationale qui s'appelait désormais Guadeloupe La Première. Une mission un peu compliquée parce que… Parce que le groupe (ex-RFO) est compliqué par nature, mais aussi parce que les Guadeloupéens ont leur caractère et moi aussi. Mais toujours agréable, notamment pour le plaisir de retrouver des collègues formidables et d'en rencontrer de nouveaux.

Je rentre avec une douleur étrange au fond de l'oreille, lancinante. Trois jours avant de repartir, pour Moroni cette fois, je suis aux urgences de l'hôpital Lariboisière de Paris avec le visage totalement déformé. Une paralysie *a frigore*, ça s'appelle. C'est pas joli joli. Quelques nerfs bloqués qui tirent un côté du visage vers le bas, au point de vous interdire de fermer la bouche (extrêmement pratique pour parler et faire une formation à des gens dont le français n'est pas toujours au point et qui ont déjà du mal à me comprendre quand j'articule convenablement !) ainsi que l'œil (d'où la nécessité de dormir avec une compresse et un pansement au risque littéralement de ne pas fermer l'œil de la nuit !). J'hésite quelques jours, mais je décide de partir quand même.

Le voyage est compliqué parce que je bave quand je bois, et que j'ai du mal à mâcher sans mordre l'intérieur de ma joue qui tombe vers l'intérieur de la bouche. Dans l'avion, je dois donc caler ma serviette sur le bord de ma bouche et boire à la régalade. Gare aux trous d'air ! À Nairobi, où je fais mon *tour operator* habituel pour des Comoriens effarouchés, il faut parler anglais. Ça n'arrange pas mon accent, contrairement à ce que j'espérais.

Et finalement, après le moment de stupeur quand les journalistes m'ont vu arriver, on y arrive parce que j'ai constaté qu'en tirant violemment sur ma joue en parlant, j'arrive à articuler presque normalement. Un gros presque, quand même. Mais ils sont gentils.

Je suis parti avec des exercices labiaux trouvés sur le net. Je les ai collés sur la glace de ma chambre et je les fais matin et soir. Ça rentrera dans l'ordre assez rapidement sans qu'on sache réellement ce qui a causé ça. Je suis resté longtemps à l'affût du moindre tremblement de la lèvre, parce que ça avait commencé comme ça, et que j'avais cru à un manque de magnésium. Tu parles !

Lors de ma dernière mission, je découvre que mon studio a été littéralement explosé. Pourtant, avec le côté légèrement filou qu'on me connaît, j'avais anticipé le truc. Mais pas assez, de toute évidence. À mon ami Abdallah, cadre de la radio et facilitateur en chef, j'avais expliqué qu'il y avait plus de micros, de casques et d'enregistreurs numériques que nécessaire, parce que je me doutais bien que personne ne se satisferait d'un studio de production mieux fourni que le studio de direct. Mais j'avais sans doute sous-estimé les besoins. De toute façon, il fallait tenir dans l'enveloppe allouée. Très rapidement, à la télé, j'ai aperçu deux de mes micros à la tribune présidentielle lors d'une allocution du président de l'époque, Ikililou Dhoinine, celui qui viendra gâcher une photo historique à la COP21 en se collant au premier plan comme le petit cousin gentillet au mariage de la copine de votre belle-sœur. Puis, je vais aussi apercevoir certains autres de mes micros dans le champ des caméras de reportage du JT. La console, le boîtier casque, le câblage, avaient été entassés sous un drap poussiéreux dans un coin du grand studio des rappeurs, là où je l'avais configuré l'année d'avant. J'ai retrouvé un des ordis de production sur le bureau d'un des directeurs qui l'utilisait pour *skyper* avec la famille à Marseille. Confisqué ! Mais j'ai eu la gentillesse de lui remettre tous ses documents sur une clé USB que je lui ai même offerte. L'autre ordinateur, lui, n'est jamais réapparu. J'ai remis mon studio en état, nous avons recommencé les productions, mais il est apparu rapidement que, hors de ma présence, il ne servirait plus.

Alors, avec l'appui de l'Ambassade de France, j'ai monté un nouveau projet, de production locale, que je dirigerais à distance (pour économiser le déplacement qui grève fatalement le budget même si ça enlève beaucoup de sa séduction à la mission). Projet qui a vu le jour, dont les productions ont été menées à bien sans que j'aie la garantie qu'elles soient diffusées, mais dont la pérennité a été pulvérisée par les fortes tensions qu'a générées dans ce pays pourtant calme la campagne électorale présidentielle.

Heureusement, quelques mois après l'élection du nouveau président, une association de professionnels français retraités et bénévoles prenait le relais de mes actions.

Pour ma part, j'ai tellement aimé m'impliquer dans les médias d'un pays où la radio est prépondérante ! La pénurie de papier et le manque d'éducation réduisent la part de la presse écrite (même si là aussi de grands projets sont en chantier), et les coupures d'électricité pendant des semaines privent des villages entiers de télévision. Par contre, on trouve des piles à tous les carrefours et la radio passe partout. Il y a encore à tellement à faire….

Promis, j'y retournerai. J'ai, depuis, intégré l'association citée plus haut, et j'espère que Sally sait comme moi que ce sont nos anciennes stagiaires qui sont désormais les chevilles ouvrières de la radio et de la télévision nationales, aux postes de rédactrice en chef, directrice de l'information…

21

« J'comprends plus grand-chose aujourd'hui

Mais j'écoute quand même
Des choses que j'aime
Et ça remplit ma vie... »

Vous vous souvenez de cette chanson de Michel Delpech, « *Quand j'étais chanteur* » ? J'ai toujours bien aimé cette conclusion, que je trouve plutôt positive.

Il faut savoir terminer ce recueil de souvenirs FM'air (il fallait bien que je place un dernier jeu de mots lamentable, non ?) qui n'a pas vocation à être exhaustif. Laisser de côté une saison à MFM, une à Rire & Chansons, une formation à Saint-Pierre & Miquelon, quelques cours au Studio École de France sans grand intérêt pour le lecteur. Et quelques autres formations trop normales pour être notables. J'y ai gagné ma vie, agréablement. C'est tout. Ou encore des interventions en collège, car j'adore travailler avec des pré-ados, leur vivacité, leurs fulgurances de langage...

Le gag, juste, de mon embauche à MFM quand Luc, qui paiera cher de m'avoir recruté derrière le dos de son propre boss, me rappelle quelques jours après notre première rencontre pour me proposer le morning, encore et toujours. Je suis dans un supermarché et je pousse mon caddie. Luc me propose un salaire et, avant que j'aie le temps de répondre, c'est le moment que choisit mon portable pour tomber en panne, définitivement. Pas un bug ou une batterie déchargée, non, il ne se rallumera jamais, il est mort, complètement, bon pour la décharge.

Le temps de finir mes courses (il faut bien nourrir ma petite famille) et de rentrer chez moi pour appeler du fixe, c'est un Luc glacial qui me répond. « Eh ben Remy, vous êtes dur en affaires ! » Je ne sais pas s'il a fini par croire à mon histoire, pourtant réelle.

Au fil des années, j'ai pris goût à passer de la radio futile (la nôtre) à la radio utile (celle qui sauve des vies, dans les pays émergents, notamment) et utiliser le média comme instrument pour ses utilisateurs. Je m'explique : en vingt ans de Radio Trousseau, je ne suis pas persuadé qu'on ait beaucoup apporté aux enfants hospitalisés qui préféraient sans doute regarder la télé qu'écouter la radio. Par contre, les participants à nos émissions en ont retiré beaucoup. Les petits qui, invités d'une émission dont ils devenaient la vedette, en écoutaient l'enregistrement en partant au bloc, puis dans la salle de réveil, après leur intervention. Tout ça leur enlevait beaucoup d'appréhension et de stress inutile. Et surtout les ados du quartier, les dizaines de lycéens qui, se relayant au fil des années, ont pris le goût du bénévolat et / ou du média avant de partir vers ces métiers pour certains d'entre eux. Journalistes, producteurs de télé, photographes, on les retrouve dans tous les métiers de la communication.

Comme j'ai la chance qu'il y ait toujours quelqu'un pour me proposer un nouveau challenge, j'ai été appelé voici quelques années pour lancer un atelier de webradio au sein d'une maison locale pour l'emploi, dans le cadre de la *Garantie Jeunes*. Il s'agit d'un dispositif destiné à accueillir des jeunes gens, autour de la vingtaine, qui devraient rendre l'ensemble du corps enseignant totalement honteux. Abandonnés par l'école, pas encore intégrés dans le monde du travail, ni même dans celui du chômage, ces jeunes n'ont ni statut social ni reconnaissance sociétale. Jetés par les enseignants, qui les ont persuadés qu'ils sont des incapables, des inutiles. À cette jeune fille qui voulait être esthéticienne, forcément, on a répondu qu'elle serait juste capable d'être technicienne de surface (oui : femme de ménage, en fait). Et ce jeune homme passionné de jeux vidéo, très pointu dans sa connaissance du secteur, on l'a persuadé que c'est un amusement de crétin. Il tombera des nues quand je lui expliquerai que l'économie du jeu vidéo dépasse désormais celle du cinéma dans le monde et que je lui citerai la principale marque, française, de production de jeux.

La *Garantie Jeunes*, c'est donc un système qui va donner un cadre à ces jeunes devenus incapables de respecter un horaire, qui vivent parfois dans un milieu particulièrement défavorisé, dans des familles monoparentales dépassées, dans un isolement débilitant (nous sommes en très grande banlieue, dans une petite ville sans bus où venir des lieux-dits ou des cités où ils habitent jusqu'à la Maison pour l'Emploi du centre-ville est déjà un exploit en soi), parfois avec une pathologie associée, la possibilité de se re-socialiser en douceur. Contre une petite prime mensuelle (ridicule mais toutefois bienvenue), ils devront venir, à des horaires réguliers, participer à toutes sortes d'activités, qui vont de la rédaction de CV ou, plutôt, de lettres de motivation, à des ateliers de maquillage en passant par des travaux pratiques avec des comédiens et des répétitions d'entretiens d'embauche. Les journées sont courtes et entrecoupées de longues pauses car leurs capacités de concentration sont limitées.

Que vient faire la radio, là-dedans ? Simplement, dans le petit studio que j'ai aménagé, leur permettre de trouver de quoi s'exprimer, de parler, à leur rythme, de sujets qui les intéressent, les touchent. De prendre leur temps pour trouver leurs termes, et de réapprendre à parler à l'autre.

Aux uns, je propose d'exploiter enfin leur passion pour en tirer de vrais sujets de fond : ils enquêteront donc sur les addictions aux jeux vidéo, celui-ci ira interviewer la projectionniste du cinéma municipal et découvrira effaré, à dix-huit ans, que les bobines de films ont disparu depuis des années. Un autre ira interviewer le patron du garage où il rêve de se faire embaucher, deux filles feront un sujet sur le harcèlement à l'école. Certains vont se raconter un peu trop, il faut les contenir tout en les aidant à sortir de soi, en leur rappelant qu'ils ont pour but d'être écoutés. Ils apprennent à se canaliser, à préparer leurs sujets, à rester assis dans une salle quarante-cinq minutes entre deux pauses clopes qui s'éternisent. C'est très éprouvant, pour eux comme pour moi. Je ne suis qu'admiration pour les conseillers, au caractère bien trempé, qui les encadrent au quotidien et qui les aiment très fort, ces jeunes qui ont perdu leur propre estime. Il faut les contenir, les cadrer, ne pas les traiter comme les très jeunes gens qu'ils sont encore souvent mais bien comme les jeunes adultes qu'ils devraient être déjà. C'est un travail d'équilibriste et la radio participe, au même titre que les autres activités proposées, à les insérer enfin dans une société qui ne leur a jamais souhaité la bienvenue.

Je rentre le soir épuisé mais tellement reconnaissant de participer à cela.

Après avoir réussi à choisir des thèmes, des axes, ils se sont fait violence et ont pris leur téléphone pour appeler des gens qu'ils ne connaissent pas, prendre rendez-vous, et sont allés les interviewer. Ils reviennent en studio, pas trop confiants, et nous écoutons ensemble. Là, je pose tout sur l'ordi et le montage commence : ils m'écoutent enlever les hésitations, les « euh », les redites, les « D'accord » à la fin de chaque phrase. On écrit des chapeaux, des relances, des pieds. Je les fais refaire, reprendre dans une phrase, en leur demandant de me faire confiance, en leur disant que mon « savoir-faire d'escroc » va passer derrière. Timidement, ils me suivent. Puis ils écoutent : ils s'entendent. Ils découvrent ce qu'ils ont dit sans entendre tout ce qui les a minés. Ils savent bien que ce n'est pas la réalité, pourtant ils sentent qu'on va y croire, qu'ils auraient pu réellement faire ça s'ils avaient juste eu un peu plus de confiance et de concentration. Ils se disent qu'ils peuvent y arriver, donc.

La technique radio s'est retournée : elle importe plus pour ceux qui l'utilisent que pour ceux qui l'écoutent. Nous aurons peu d'auditeurs ? Peu importe : la finalité c'est de mettre l'outil au service de ceux qui sont dans le studio. Contrairement à la télé, la radio a ce pouvoir de laisser à ceux qui la font un quasi-anonymat. Qu'est-ce qu'un prénom donné au début d'un podcast dans une civilisation d'image ? Or, nos jeunes sont mal dans leur peau. Jamais ils n'auraient donné devant une caméra ce qu'ils ont donné devant un micro. Et les lycéens qu'ils sont allés interviewer devant leur établissement n'auraient jamais parlé aussi librement du harcèlement s'ils avaient craint d'être immédiatement reconnus. Les expériences que j'ai réalisées au fil des années dans des établissements thérapeutiques, hôpitaux généraux, services spécialisés dans les tentatives de suicide chez les adolescents, organismes recevant des jeunes handicapés mentaux, etc., m'ont toujours démontré que l'absence d'image désinhibait en partie ceux à qui on donnait le micro.

D'ailleurs, je fais moi-même partie de la génération de ceux qui ont commencé alors qu'il n'y avait pas de caméras dans les studios de radio et qui s'en réjouissaient.

La boucle est bouclée…

Ces pages sont celles d'un privilégié. Pas d'un qui a pu prendre sa retraite avant les autres parce qu'il a toute sa vie durant dû espérer que ce ne serait pas dans la prochaine station qu'un désespéré se jetterait sous ses roues et qui mérite bien, me semble-t-il, ces quelques années de repos supplémentaires. Non : d'un vrai privilégié, de quelqu'un qui a été surpris d'avoir, selon la formule, « acquis tous ses trimestres » sans jamais avoir eu l'impression de réellement travailler. Entre les coups de chance et les fous-rires, une carrière en radio est passée tellement vite... Mais une carrière : pas une vie. Marc Garcia le déplorait : « Jounin, sa vie elle n'est pas à la radio. ». Effectivement, je venais y gagner ma vie, plus ou moins bien selon les périodes et mes capacités de résistance à l'emmerdement extérieur, pas l'y passer. L'essentiel est ailleurs et il faut cloisonner les deux, ne pas tout mélanger.

Avoir onze ou douze ans, écouter la radio, trouver ça tellement magique, avoir le rêve fou d'en faire son métier.... Et y arriver. Avoir la chance d'accompagner ses évolutions techniques, de penser ses évolutions humaines, de participer à créer ou relancer des marques, laisser quelques souvenirs amusés dans l'esprit de mes confrères, admirer ceux d'entre eux qui savent avoir une vraie longévité sur une tranche, en se renouvelant encore et encore, regarder l'arrivée du podcast en se disant qu'une nouvelle porte s'ouvrira forcément, garder encore un dernier projet personnel pour terminer, par pure gloriole égotique, un grand écart médiatique (de Rire & Chansons à... ?)...

Des années à s'amuser et apprendre aussi, trop tard, souvent. Savoir reconnaître ses erreurs, progresser. Gagner un peu d'humilité. Regarder derrière soi et s'autoriser une petite fierté à être l'un des rares à avoir animé *Europe-Stop* et *La Valise*, à avoir pris le micro dans les trois principaux groupes privés français

(Europe, RTL, NRJ). Se garder quelques défis, encore, aussi, pour les années à venir…

Privilégié parce que j'ai eu la chance de rencontrer mes idoles, de discuter avec elles, parfois de les remplacer à l'antenne. Aussi parce que, tout en marchant dans leurs traces, j'ai fait partie d'une génération qui a pu écrire une autre page de la radio. J'ai quelques archives, que j'écoute bien peu. Pourtant, ce speak, sur l'intro du « Chère Amie » (version longue) de Marc Lavoine, c'est vrai qu'il serait impossible aujourd'hui et que, en tout manque d'humilité, je le trouve bien écoutable encore aujourd'hui. Qui sait si certaines de mes interventions qui m'ont valu alors des remontrances ne mettraient pas aujourd'hui immédiatement fin à ma carrière ? Pourrait-on encore désannoncer dans un morning : « I feel Love, Donna Summer… Tu sens l'amour ? Ben c'est l'heure de la douche ! » ou « Nougaro, Quatre Boules de Cuir… Ah voilà, je me suis toujours demandé pourquoi les boxers avaient des shorts aussi larges… » ? Je vous fais grâce des autres souvenirs du même tonneau…

Cette époque est révolue, sans doute parce que la radio n'est plus le même terrain de jeu. Si j'arrivais sur le marché aujourd'hui, est-ce que je ne choisirais pas un autre vecteur, pour exprimer le même esprit ?

L'important, ce sont les bons souvenirs.

Il reste quelques regrets, aussi. Notamment de n'avoir pas assez souvent dit merci. À Philippe Aubert, disparu trop tôt, aux Laurent(s) qui m'ont facilité l'existence à Europe 2 ou à Chérie FM. À tous ces jeunes qui m'ont fait confiance… et marrer.

Pas de nostalgie, par contre. J'espère qu'on aura senti que jamais je n'ai eu cette formule mortifère à mes oreilles : « C'était mieux avant. ». Peut-être le formateur que je suis devenu trouve-t-il cela insultant pour les jeunes qu'il a aidés à apporter leur personnalité propre aux antennes qui les ont embauchés. Pour eux, *Best is yet to come*. Alors, pourquoi pas pour moi ?

Reste donc à attaquer, en toute liberté, sans avoir à chercher de client ou d'employeur, une nouvelle phase de mes rapports aux médias où il sera encore question de voyages, de rencontres, de soutiens, d'invention, et de radio, bien sûr.

Pantin, Juillet 2021

★

Remerciements

Il me faut tout d'abord remercier Frédéric Veille qui a accueilli mon projet sans hésitation, l'a soutenu et m'a guidé avec bienveillance.
Merci aussi à Vanessa qui connaissait déjà bon nombre de ces histoires mais a tout relu sans lassitude et sans complaisance pour traquer redondances et facilités et enfin à Lilas dont les conseils avisés et les encouragements ont largement participé à la réflexion globale autour de ces 40 ans de souvenirs.

Achevé d'imprimer en janvier 2022
sur les presses de la Nouvelle Imprimerie Laballery
58500 Clamecy
Numéro d'impression : 201504

Imprimé en France

La Nouvelle Imprimerie Laballery est titulaire de la marque Imprim'Vert®